Quaderni di **esercizi**

Inglese
Principianti / Intermedi

di
Hélène Bauchart

traduzione e adattamento in italiano di
Manuela Benetton

Assimil Italia s.a.s.
C.P. 80 - 10034 Chivasso (TO)
info@assimil.it

www.assimil.it

Introduzione

Le lezioni e gli esercizi proposti in questo quaderno sono stati suddivisi in tre parti. Ciascuna parte tratta un tema o argomento specifico a cui è assegnato un colore diverso: giallo per la grammatica, verde per il vocabolario e rosa per la pronuncia.

Negli esercizi per migliorare la pronuncia, la trascrizione fonetica è riportata tra parentesi quadre. Per aiutarvi a memorizzare i suoni e a pronunciarli con facilità, non ci siamo riferiti al sistema di trascrizione fonetica internazionale, bensì a una pronuncia figurata basata su lettere dell'alfabeto italiano o parole italiane contenenti lo stesso suono o un suono molto vicino a quello della lettera o parola inglese corrispondente. Es.: nella nostra pronuncia figurata **why** sarà trascritto **[uai]**.

I capitoli dal 17 al 20 vi offriranno l'occasione per testare il vostro "feeling" per la lingua e per imparare alcune regole su un fenomeno poco trattato, tuttavia fondamentale per il linguaggio parlato: l'accento delle parole.

Il quaderno vi dà, infine, la possibilità di autovalutarvi: dopo aver svolto ogni esercizio e verificato la soluzione (v. p. 122), disegnate l'espressione dell'icona che compare sulla destra: ☺ se la maggior parte delle risposte è esatta, ☺ se è corretta circa la metà, ☹ se lo è meno della metà. Alla fine di ciascun capitolo, riportate nello schema il numero di icone relative agli esercizi e, alla fine del quaderno, calcolate il totale riportando le icone dei capitoli nello schema generale di pagina 128!

Indice

1. Il presente 3-8	12. I pronomi personali e riflessivi 68-73
2. Present perfect 9-13	13. La proprietà e i nomi composti 74-79
3. Simple past 14-19	14. I pronomi relativi e interrogativi 80-85
4. Il futuro 20-25	15. I prefissi e i suffissi 86-91
5. I verbi modali 26-31	16. Gli aggettivi 92-97
6. La costruzione infinitiva 32-37	17. Gli avverbi 98-103
7. Imperativo, ellissi e question tags 38-43	18. Le preposizioni 104-109
8. I sostantivi 44-49	19. Phrasal verbs 110-115
9. Gli articoli 50-55	20. Il passivo 116-121
10. Gli avverbi di quantità 56-61	Soluzioni 122-127
11. Il comparativo e il superlativo 62-67	Autovalutazione 128

Il presente

Le due forme del presente

In inglese il tempo presente si costruisce con due forme verbali diverse a seconda dell'azione o circostanza che si vuole esprimere.

Simple present o presente semplice

- Formazione: il verbo base è uguale per tutte le persone: I play, you play, ecc., tranne per la 3ª persona singolare dove si aggiunge la desinenza **-s** o **-es**: she/he plays, she/he washes.

- Il simple present si usa per esprimere:
  – una verità generale (the sun rises in the East)
  – un'abitudine (I go to the cinema on Saturdays)
  – un'azione o un fatto permanente (she lives in China)
  – una volontà (I want an apple)
  – un evento nel futuro con orari prestabiliti
     (the train leaves at 8)

Nota: il simple present si usa anche nella narrazione, nei commenti e nelle istruzioni.

Present continuous: la forma progressiva con to be + -ing

- Formazione: ausiliare **to be** (essere) + base verbale + **-ing**

- Il present continuous si usa per esprimere:
  – un'azione che si sta ancora svolgendo (be quiet, the baby is sleeping!)
  – un'azione temporanea (he is living with his brother → per il momento)
  – una caratteristica limitata nel tempo (I am not dancing tonight)
  – un giudizio negativo (you are always complaining!)
  – un rifiuto reiterato (I am not coming with you!)
  – un'azione futura con un programma preciso (I am going to the gym next week)

❶ Cerchiate la risposta corretta.

1. Look Daddy, it …!
   a. snowing   b. snows
   c. 's snowing   d. snow

2. The Earth … around the Sun.
   a. is revolving   b. revolve
   c. revolves   d. revolving

3. I … to the swimming pool every Saturday.
   a. 'm going   b. go
   c. going   d. I'm gone

4. His wife … in advertising.
   a. 's working   b. work
   c. works   d. has working

CAPITOLO 1: IL PRESENTE

5. I ... , I ... tonight.
   a. don't drink/drive
   b. 'm not drinking/'m driving
   c. don't drink/'m driving
   d. 'm not drinking/drive

6. I ... next week, I'm on holiday.
   a. 'm not working   b. 'm not work
   c. don't work   d. work not

7. **Just for fun:** "Hey, this man ...! Don't people usually ...?" (Homer Simpson)
   a. doesn't breathe/breathe
   b. isn't breathing/breathe
   c. breathes/breathing

2 Coniugate i verbi tra parentesi al simple present o al simple continuous (to be + -ing).

1. You .... **(always - smoke)** in the house!
   You .... **(know)** I .... **(hate)** that!

2. Hurry up! The film .... **(begin)** at 9:30.

3. I usually .... **(go)** shopping twice a week.

4. Do not ask again! I .... **(not - give)** you any money!

5. Stop it John! You .... **(be)** silly!

Casi particolari

Non tutti i verbi possono essere usati nella forma progressiva. Rifiutano la costruzione con la perifrasi **to be + -ing** tutti i verbi di: apparenza **(to seem, to look, to appear...)**, possesso **(to have, to possess, to own...)**, percezione **(to see, to hear, to feel...)**, così come tutti i verbi che esprimono un'attività mentale **(to understand, to believe, to think, to doubt...)**, un piacere, un bisogno o una volontà **(to like, to love, to hope, to hate, to regret, to need, to want)** e altri verbi come **to swear, to wish, to promise, to deny, to confess, to forgive, to apologize**.

Nota: il verbo **to think** ha due costruzioni. Al **simple present**, **to think of** esprime un'opinione. Unito alla perifrasi **to be + -ing**, **to think about** esprime l'idea di riflessione.

3 Riordinate gli elementi che compongono la frase e coniugate i verbi al simple present o al present continuous to be + ing.
Es.: on/football/Sundays/he/(play) → He plays football on Sundays.

1. about/you/what/**(think)**?   → ....

2. he/mother/his/**(look like)**   → ....

3. the/to/doctor's/to/I/go/**(need)** → ....

4. what/this/book/you/of/**(think)**? → ....

5. neighbours/a/car/new/the/**(have)** → ....

La desinenza -s / -es

Al simple present la desinenza **-s** o **-es** può comportare alcune variazioni ortografiche:

- nei verbi terminanti in **y**: se la **y** è preceduta da una consonante, si omette e si aggiunge **-ies** (try → tries). Se la **y** è preceduta da una vocale, resta invariata e si aggiunge una **-s** (play → plays).
- nei verbi terminanti in: **ch**, **sh**, **o**, **s**, **x**, **z**, si aggiunge la desinenza **-es**: watch → watches / go → goes.

4 Coniugate i seguenti verbi alla 3ª persona singolare del simple present.

1. worry → ....
2. punish → ....
3. finish → ....
4. dress → ....
5. destroy → ....
6. buy → ....

La desinenza -ing

L'aggiunta del suffisso **-ing** nella perifrasi **to be + -ing** per costruire la forma progressiva può comportare alcune variazioni ortografiche:

- i verbi terminanti in **ie** trasformano il dittongo **ie** in **y** (lie → lying).
- i verbi terminanti in **e** omettono la **e** finale se questa è preceduta da una consonante (love → loving). Lo stesso vale per i verbi che terminano in **gue** (intrigue → intriguing).
- i verbi terminanti in **ic** o **ac**, trasformano la **c** in **ck** (panic → panicking).
- i verbi che terminano con una sola consonante (tranne la **w**) preceduta da una sola vocale raddoppiano la consonante prima di aggiungere la desinenza **-ing** (stop → stopping). Eccezioni: **opening, developing, entering, profiting, suffering, offering**.

CAPITOLO 1: IL PRESENTE

5 Aggiungete la desinenza -ing ai seguenti verbi prestando attenzione alle modifiche ortografiche.

1. live → ....
2. keep → ....
3. wear → ....
4. play → ....
5. picnic → ....
6. admit → ....
7. suffer → ....
8. draw → ....
9. break → ....

Tradurre "buono, bene": good / well?

Good
- È un aggettivo e pertanto precede il sostantivo cui si riferisce (I'm not a good dancer).
- Uso particolare: unito ai verbi di stato, sensazione (**to feel, to seem, to be, to become, to appear, to look, to sound, to taste, to smell**...) conferisce il significato di "sembra..., ha l'aria di...".

Well
- È un avverbio e pertanto si usa unito al verbo (I don't dance very well).
- Uso particolare: unito a **to be**, con funzione aggettivale, ha il significato di "in buona salute".

Nota: I feel good. Il suo uso è molto diffuso in inglese americano. Per esprimere che "si sta / ci si sente bene" si preferisce la locuzione **I'm fine**.

6 Completate le frasi con well o good.

1. Her husband is a very .... man.
2. She speaks Chinese very ....
3. Drink your milk, it's .... for you.
4. I usually sleep ....
5. It smells ...., what are you cooking?
6. All is .... that ends ....
   (proverbio che traduce "tutto è bene quel che finisce bene").
7. So far so .... (espressione che traduce "fin qui tutto bene").

7 Falsi amici! Inserite nella tabella i seguenti termini:

Termini inglesi: actually, to assume, to take/accept the consequences, a cave, to pretend, commodity, competition, contest, at the moment, fluently, comfort

Termini italiani: una grotta, pretendere, attualmente

	Termine inglese	Significato	Confuso con il termine italiano...	... che in inglese si traduce
1.		veramente/in realtà	attualmente	
2.		supporre	assumere (responsabilità)	
3.			una cava	a mine
4.		far finta di		to claim
5.		prodotto/merce	comodità	
6.	currently		correntemente (parlare)	
7.		concorrenza	competizione/gara	

Proverbi

Gli anglosassoni usano molte frasi idiomatiche surreali. La più diffusa è certamente **it's raining cats and dogs** che significa: piove a catinelle. L'esercizio che segue vi darà l'occasione per scoprirne altre.

8 Riordinate gli elementi che compongono la frase e inserite le parole mancanti. Otterrete un noto proverbio.

1. as/cucumber/a/as/cool

→ ....

2. p _ _ s might f _ _

CAPITOLO 1: IL PRESENTE

Pronuncia delle desinenze -s / -es (1)

La **s** del suffisso **-es**, è dolce e sonora. Il suffisso **-es** si pronuncia in due modi: **[z]** (come la s di *sveglia*: goes) e **[iz]** (come in *isola*: washes). Si pronuncia **[iz]** dopo i suoni **[s]**, **[ch]**, **[tch]**, **[j]**, **[x]**, **[z]** (passes, pushes, watches, ages, mixes, buzzes). Nei verbi terminanti in **y**, **es** si pronuncia **[iz]** se la **y** ha il suono di **[i]** (carries). Diversamente, la **s** si pronuncia **[z]** (plays).

Pronuncia delle desinenze -s / -es (2)

La desinenza **-s** può anche essere sorda e pronunciarsi **[s]** (come in sala). La scelta tra i suoni **[z]** e **[s]** è determinato dal grado di difficoltà che la pronuncia comporta. Se il suono **[z]** risulta difficile da riprodurre, **-s** si pronuncerà **[s]**, in particolare dopo **[p]**, **[t]**, **[k]**, **[f]** (plucks, puffs, pops, tips). Si pronuncia **[z]** dopo le vocali (lies, goes) e le consonanti **[b]**, **[d]**, **[g]** (begs, feeds, throbs).

9 [iz], [z] o [s]? Riportate, nella parentesi quadra, il suono del suffisso -es che trovate indicato in neretto.

1. confess**es** [...]
2. kill**s** [...]
3. enjoy**s** [...]
4. cross**es** [...]
5. suppl**ies** [...]
6. teach**es** [...]
7. ag**es** [...]
8. look**s** [...]
9. buzz**es** [...]
10. wait**s** [...]

10 Trovate l'intruso.

1. prepares, allows, arrives, eats
2. cooks, costs, burns, fights
3. answers, recognizes, explains, prefers
4. counts, calls, tells, moves

Bravi, avete appena concluso il capitolo 1! Contate le icone e riportate il risultato a pagina 128 per la valutazione finale.

Present perfect

Il present perfect

A differenza del simple past, che serve a esprimere un'azione conclusasi nel passato, il present perfect esprime un'azione che ha inizio nel passato, ma che continua nel presente o che avviene in un periodo che non è ancora trascorso o è imprecisato.

- È un tempo composto che si costruisce con l'ausiliare **have/has** + participio passato del verbo. **Have** e **has** sono spesso abbreviati **'ve** e **'s**.

- Si usa per esprimere:

– **un collegamento con il presente**. In italiano lo traduciamo con il presente indicativo. Spesso il complemento di tempo è introdotto dalle preposizioni **since** o **for**, che in italiano corrispondono a **da**. **Since** esprime il momento d'inizio di un'azione e si colloca davanti a una data o un evento preciso. **For** introduce una durata espressa in giorni, settimane, ecc. (I have played tennis for 10 years/since 2002/since my childhood = gioco a tennis da dieci anni/dal 2002/da quando ero piccolo).

– **un'azione o stato che si sono verificati in un momento indefinito nel passato o che non è importante conoscere**. In italiano lo traduciamo con il passato prossimo (I have never been to Japan = non sono mai stato in Giappone). In questo caso si utilizzano le preposizioni: **so far/until now**, finora; **over the past years/weeks/months**, negli ultimi anni/settimane/mesi; **it's the first/second/third time**, è la 1ª, 2ª, 3ª volta che...; **not yet**, non ancora; **never**, non ... mai; **ever**, in tutta la mia vita, mai (a seconda del contesto); **already**, già.

– **la conseguenza o il risultato** di un'azione con un collegamento nel presente anziché la realizzazione dell'azione in sé, l'evento passato giustifica la situazione presente (I have forgotten my glasses = ho dimenticato gli occhiali ➜ non vedo niente / non riesco a leggere il cartello; I have washed the car = ho lavato l'auto ➜ è pulita). Anche in questo caso lo traduciamo con un passato prossimo.

1 Completate con since o for.

1. I've been back home .... 2 o'clock. I've been here .... 2 hours.
2. I haven't seen him .... a while. Not .... the accident, actually.
3. We have known John .... 1999. We've known him .... 14 years.
4. I haven't heard from her .... a long time. Have you phoned her .... her wedding?

CAPITOLO 2: PRESENT PERFECT

2 Formate delle frasi unendo ciascun numero alla lettera corrispondente.

1. I'm sorry, I have
2. So far, I haven't
3. You can stay home and relax.
4. I've worked in this company for
5. I haven't had breakfast
6. This car is so old! I've had it for

a. had any problem with my computer.
b. two years.
c. forgotten your name.
d. I've done the shopping.
e. ages!
f. yet.

Present perfect continuous

- **Si foma con l'ausiliare have/has been** + verbo base + **ing**
- **Si usa per esprimere:**
- **un'azione conclusasi di recente** e che continua a manifestare i suoi effetti nel presente perché questi si vedono/sentono (she's been crying = ha pianto ➔ lo vedo perché ha gli occhi rossi; you've been drinking = hai bevuto ➔ lo sento perché sai di alcol).
- **un'azione che si protrae nel presente**. Spesso la domanda corrispondente è introdotta da "How long?". Si preferisce usare la forma progressiva per situazioni di breve durata o precise e la forma semplice per azioni o stati permanenti o di lunga durata (I have lived in Paris all my life / I've been living here for two months).

3 Correggete gli errori.

I have always love Ireland. I live here since 2005. I've been rented a nice little flat in Dublin since 6 months. I have find an interesting job. I work here since three months. I have a few habits now. On Sundays I always go to the fish market. I've tried to learn more about Irish cooking for a couple of months. Another thing I love is going to the pub. I have tried quite a few beer brands since I arrived!

CAPITOLO 2: PRESENT PERFECT

4 Completate la traduzione delle seguenti frasi. Se necessario, utilizzate le preposizioni for, since, already, yet, ecc.

1. Non dare da mangiare al gatto, l'ho già fatto.
   → Don't feed the cat, I .... it.

2. Ha fumato (si sente odore di sigaretta).
   → He ....

3. Dal 2002 sono stata in Cina tre volte.
   → I .... three times to China .... 2002.

4. **Just for fun**: completate la citazione qui sotto coniugando i verbi tra parentesi.
   → "A sense of humour is good for you. .... you ever .... **(hear)** of a laughing hyena with heart burn?" (Bob Hope)

Tradurre "bene" e "male"

- Bene e male, ovvero "in modo adeguato/inadeguato, soddisfacente/insoddisfacente, in buona/cattiva salute", si possono rispettivamente tradurre **good/well**, **bad/badly**.
- Bene e male, nel senso di "appropriato/inappropriato, giusto/sbagliato o ingiusto, corretto/non corretto rispetto alla morale o alla legge", si traducono rispettivamente **right**, **bad/wrong**.

Nota: **good** e **bad** sono aggettivi, **well** e **badly** sono avverbi, **wrong** e **right** possono svolgere entrambe le funzioni.

5 Cerchiate le risposte corrette.

1. Sto bene. → I'm...   a. well   b. good   c. right

2. Cosa c'è che non va? → What's...   a. bad?   b. badly?   c. wrong?

3. Bravo! → a. Well made!   b. Well done!   c. Right done!

4. Il bene e il male. → a. Right and wrong   b. Good and bad   c. Good and evil

5. Parla male inglese. → She speaks...
   a. bad English   b. English badly   c. wrong English

6. È bello essere a casa. → It ... to be home.
   a. makes good   b. feels right   c. feels good

CAPITOLO 2: PRESENT PERFECT

Tradurre "bene" e "male" (seguito)

Se **bene** e **male** indicano il grado o il concetto di insistenza, valgono altre formulazioni (sono piuttosto infastidito: I'm **quite** upset; non hai capito: you **mis**understood). Lo vedremo meglio nell'esercizio successivo.

6 Completate la traduzione delle frasi in italiano con l'avverbio adeguato.

hurt - much - very - carefully - difficulty - good

1. È molto meglio.
   → It's .... better.

2. Ascoltami bene.
   → Listen to me ....

3. Ha difficoltà a parlare.
   → She has .... in talking.

4. Non fategli male.
   → Don't .... him.

5. Sono molto contento.
   → I'm .... happy.

6. È troppo bello per essere vero.
   → It's too .... to be true.

Pronuncia della i

La lettera **i** si pronuncia **[i]** (machine, bit, promise), **[ai]** (wild, surprise) e **[ə]** (girl, bird). Esistono alcune regole fisse che stabiliscono se pronunciare l'uno o l'altro suono, ma non è ancora il momento di affrontarle. Tenete a mente queste pronunce e abituate l'orecchio a distinguerle!

7 Trovate l'intruso.

1. police - regime - decide - wilderness
2. differ - alive - time - nice
3. precise - vital - like - children
4. dish - kiwi - drive - ski

8 Cerchiate la risposta corretta.

1. Come si pronunciano le due **i** nella parola **crisis**?   a. [i]/[i]   b. [ai]/[i]
2. Come si pronunciano le due **i** nella parola **minority**?   a. [i]/[i]   b. [ai]/[i]
3. Come si pronuncia la **i** di **decide**?   a. [ai].   b. [i]
4. Come si pronuncia la prima **i** di **decision**?   a. [ai]   b. [i]

CAPITOLO 2: PRESENT PERFECT

Il suono [i]

Molte lettere o dittonghi si pronunciano [i]:
- **i**: bit, caffeine
- **y**: synonym, party
- **e**: be, become
- **ee**: bee
- **ea**: bean
- **eo**: people
- **ey**: key
- **ei**: ceiling
- **ie**: chief
- talvolta anche la **a**: hostage

Esistono tuttavia delle eccezioni…

9 Cerchiate la risposta corretta.

1. Trovate l'intruso:
   copy - try - envy - fancy

2. Trovate l'intruso:
   perceive, receive, neighbour, deceive

3. **Cheer** fa rima con: hear - pear

4. Trovate l'intruso:
   heavy - ally - July - my

5. Trovate l'intruso:
   party - actually - justify - worry

6. **Journey** fa rima con:
   funny - crazy - okay - money

7. Trovate l'intruso:
   leaf, meat, sweat, read

10 In quali tra le parole elencate qui sotto non si sente il suono [i]? Scrivetele a lato.

1. complete - great - knowledge - chief ➜ ....
2. asylum - deep - manage - ship ➜ ....
3. meet - sign - promise - achieve ➜ ....
4. fit - relief - advantage - violence ➜ ....
5. carriage - language - bridge - badge ➜ ....
6. women - business - knowledge - secret - media ➜ ....

Bravi, avete appena concluso il capitolo 2! Contate le icone e riportate il risultato a pagina 128 per la valutazione finale.

3 Simple past

Il simple past

Serve a esprimere eventi e azioni che si sono svolti nel passato e che non hanno più alcun rapporto con il presente, ovvero l'azione è finita nel momento in cui si parla (Ghandi died in 1948 / I bought a new computer last week).

Formazione:

- con i verbi regolari, si costruisce aggiungendo **-ed** alla base del verbo (i verbi che terminano in **e** aggiungono solo una **-d**): **Tommy played football this morning**. La forma interrogativa si costruisce con **did** + soggetto + voce del verbo: **did you see Peter yesterday?** La forma negativa si costruisce con **did** + not (forma abbreviata **didn't**) + voce del verbo: **I didn't see Peter yesterday**. Il simple past dell'ausiliare **to be** è **was** per la prima e la terza persona singolare, **were** per le tutte le altre persone.

- con i verbi irregolari, ha una forma fissa (2ª voce del paradigma) che va imparata a memoria.

1 Regolare o irregolare? Cerchiate l'intruso.

1. work, know, believe, play
2. lose, take, ask, buy
3. kill, buy, arrive, visit
4. cut, tell, need, see
5. go, become, bleed, walk
6. swim, eat, wash, lie

2 Per ciascun verbo barrate la casella corrispondente e indicatene il simple past.

	Regolare	Irregolare	Simple past
talk	☐	☐	....
meet	☐	☐	....
drink	☐	☐	....
become	☐	☐	....
wear	☐	☐	....
cry	☐	☐	....
open	☐	☐	....
compare	☐	☐	....
let	☐	☐	....

CAPITOLO 3: SIMPLE PAST

Il simple past (seguito)

Particolarità:

- diversamente dal present perfect, il simple past si utilizza per mettere in evidenza un evento accaduto nel passato anziché i suoi effetti nel presente. Spesso è accompagnato da elementi che aiutano a descrivere le circostanze in cui tale evento si è svolto: dove, come, perché, quando (she put her hat **on the table** ➜ dove? sul tavolo / I came **on foot** ➜ come? a piedi).

- il simple past si usa unito a precisi riferimenti temporali: una data, **ago** (fa...), **yesterday, last week/month/year** (la settimana scorsa, il mese scorso, l'anno scorso), **for, when, during, before, after, since**. Qualora il contesto lasci evincere chiaramente che l'azione è ormai conclusa, il riferimento temporale può essere vago (Egyptians wore make-up).

- per esprimere la durata di uno stato o di un'azione si possono utilizzare la preposizione **for**, per, o l'avverbio **during**, durante. **For** precede una durata e risponde alla domanda **how long?**, per quanto tempo? (for 2 months = per 2 mesi). **During** precede un sostantivo e risponde alla domanda **when?**, quando? (I fell asleep during the meeting).

3 Coniugate al simple past i verbi tra parentesi.

1. I .... **(leave)** my umbrella on the train.
2. I .... **(go)** to Australia for the holidays last year.
3. The Suffragettes .... **(fight)** for the right to vote.
4. I .... **(stop)** smoking a few months ago.
5. We .... **(not - go)** to the restaurant last night.
6. Peter .... **(work)** in England from 1985 to 2010.

Simple past continuous

- **Formazione: To be** al simple past (**was/were**) + base verbale + **ing**

- **Uso:** esprime un'azione che era in corso di svolgimento in un momento del passato ➜ in italiano lo traduciamo con la locuzione "stare facendo qcs." (**this time last week, I was skiing**, a quest'ora, la scorsa settimana, stavo sciando). In genere è associato al simple past per descrivere un'azione che era in corso di svolgimento nel momento in cui è stata interrotta da un'altra azione (**I was sleeping when you arrived**, stavo dormendo quando sei arrivato).

CAPITOLO 3: SIMPLE PAST

4 Inserite i verbi al simple past o al past continuous.

1. I .... (not - hear) the postman. I ....
   (have) a shower when he .... (ring).

2. – What .... you .... (do) last night at 11, Sir?
   – Nothing special, I .... (watch) TV.

3. The children .... (play) football when it .... (start) raining.

4. **Just for fun:** "I can remember exactly what I .... (do) when I
   .... (hear) the news. I .... (listen) to the news." (Hugh Laurie)

5 Inserite le parole mancanti
(during, for, since, ever, yet, already, ago).

1. I was sick ... the flight.
2. I've known him ... more than a year, ... June 2011.
3. I went to the hairdresser's two weeks... .
4. Have you ... fed the cat?
5. Have you ... done a parachute jump?
6. I haven't prepared dinner... .

	parole mancanti	
1		
2		
3		
4		
5		
6		

6 Completate le frasi coniugando i verbi tra parentesi al simple past o al present perfect, e inserendo gli avverbi di tempo adeguati (for, since, ago, during, ecc.).

1. I .... (rent) a flat .... ten years, from
   1980 to 1990. Then I .... (buy) a house.

2. Be careful, there's glass everywhere. I .... (break) a vase.

3. I .... (smoke) .... I was a teenager.
   I know I should stop.

4. I .... (see) Emma two days ....
   She was on her way to the dentist's.

CAPITOLO 3: SIMPLE PAST

La desinenza dei verbi regolari

La desinenza del simple past è **-d** se il verbo termina in **e**: live → lived. I verbi terminanti in **y** preceduta da consonante modificano la **y** in **ie** prima di aggiungere la **-d**: try → tried; diversamente, la **y** rimane se è preceduta da vocale: stay → stayed. Se il verbo termina con consonante preceduta da una sola vocale, la consonante raddoppia (fatta eccezione per **w**): stopped, admitted. Eccezioni: opened, developed, entered, profited, suffered, offered, remembered.

I verbi terminanti in **ic** o **c** modificano la **c** in **ck**: panic → panicked.

7 Coniugate i seguenti verbi al simple past.

tap .... prefer ....
close .... top ....
explain .... create ....
follow .... believe ....
worry .... study ....
rob .... chat ....
live .... picnic ....

To take or to have?

I verbi **to take** e **to have** ricorrono in numerose espressioni idiomatiche con un significato diverso da quello originale. **To have** si usa nelle locuzioni con riferimento a cibi e bevande (to have breakfast/lunch/dinner, to have a coffee/drink), ma anche per riferirsi ad azioni o a esperienze (to have a bath/shower **o** to have a look, a seat). Per tradurre le stesse espressioni gli americani ricorrono a **To take**. Questo verbo ricorre anche nelle locuzioni **to take a nap, a break, a holiday, a journey**. Ma ricordate: buon divertimento si augura con **Have fun!**

8 To take or to have?
Cerchiate la risposta corretta.

1. Fai una pausa → **take - have** a break
2. Pranzare → **to take - to have** lunch
3. Bevi qualcosa → **take - have** a drink
4. Fare il bagno → **to take - to have** a bath
5. Andare in vacanza → **to take - to have** a holiday
6. Accomodati → **take - have** a seat
7. Dai un'occhiata → **take - have** a look
8. Divertiti → **take - have** fun

CAPITOLO 3: SIMPLE PAST

Tradurre avere: to be o to have?

Si utilizza **to have** quando **avere** ha il significato di **possedere** o **soffrire di qcs.** (avere il mal d'auto, mal di testa). Con altro significato, si usa **to be** + aggettivo. Questa costruzione si impiega per indicare **l'età** (avere 20 anni); **gli stati mentali** (avere ragione, avere fortuna); **alcune emozioni** (avere paura, avere/provare vergogna) **e sensazioni** (avere fame, avere caldo); **nella locuzione c'è/ci sono**; per **le misure** e **le qualità di qcn. o qcs.** (colore, altezza, velocità, temperatura, ecc.).

9 Riordinate le frasi e aggiungete to be o to have coniugato al tempo corretto come nell'esempio:

Es: C'è un ragno in camera. → there/in/spider/the/bedroom/a → There IS a spider in the bedroom.

1. Io avevo torto, tu avevi ragione. → **I/right/wrong/you** → ....

2. Peter ha 32 anni. → **thirty-two/Peter** → ....

3. I bambini hanno paura del cane. → **children/the/of/dog/the/afraid**
   → ....

4. Nel cottage hanno freddo. → **cold/they/in/cottage/the** → ....

5. Ho spesso mal di testa. → **often/I/headache/a** → ....

Sinonimi idiomatici

Gli italiani hanno la tendenza a utilizzare quei termini inglesi il cui suono è simile alla stessa parola in italiano. Gli inglesi, invece, ricorrono a termini propri del linguaggio corrente (spesso anche più brevi), come vedrete nell'esercizio qui sotto.

10 Trovate i sinonimi dei seguenti termini aiutandovi con gli indizi 1 e 2.

Sinonimo...	Indizio 1	Indizio 2	Risposta
1. simple	• A • •	Y/E/A/S	
2. liberty	F • • • D • •	O/M/D/E/F/E/R	
3. difficult	H • • •	R/H/D/A	
4. sufficient	E • • U • •	U/N/H/E/G/O	
5. ridiculous	• I • • Y	Y/L/I/L/S	

CAPITOLO 3: SIMPLE PAST

Pronuncia dei suffissi -d/-ed

Il suffisso **-ed** si pronuncia **[id]** dopo i suoni **[d]** o **[t]** (wanted, ended). Si pronuncia **[t]** quando il suono **[d]** è troppo difficile da riprodurre, in particolare dopo le consonanti sorde **[p]**, **[t]**, **[k]**, **[f]**, **[s]** e i gruppi consonantici **[ch]** e **[sh]** (worked, tapped, preached, picked, coughed). Si pronuncia **[d]** quando la radice del verbo termina con una consonante sonora (filled, saved, ruled, learned…) e nei verbi terminanti in **er** quando la **r** nel gruppo **-ered** è muta (considered).

11 Come si pronuncia il suffisso -ed nei seguenti verbi?

1. needed   [id] ☐   [t] ☐   [d] ☐
2. kissed   [id] ☐   [t] ☐   [d] ☐
3. lived   [id] ☐   [t] ☐   [d] ☐
4. wondered [id] ☐   [t] ☐   [d] ☐
5. hated   [id] ☐   [t] ☐   [d] ☐

12 Quante sillabe sentite per ciascuna delle parole qui sotto?

1. punished: ....   6. researched: ....
2. listened: ....   7. suggested: ....
3. reached: ....   8. naked: ....
4. danced: ....   9. listened: ....
5. arrived: ....   10. pressed: ....

13 Trovate l'intruso:

1. suffered, entered, served, fixed, covered
2. shouted, explained, recorded, visited, started
3. stopped, confessed, expected, dressed, parked
4. answered, figured, appeared, included, surprised

Bravi, avete appena concluso il capitolo 3! Contate le icone e riportate il risultato a pagina 128 per la valutazione finale.

Il futuro

La costruzione del futuro

- **Will** + base verbale serve a esprimere una previsione o azione che sappiamo accadrà nel futuro perché gli elementi di cui siamo a conoscenza ce lo fanno supporre (I think he will pass the exam) oppure una decisione immediata (il telefono squilla → I'll take it). Nel parlato si usa perlopiù la forma contratta **'ll**.

- **To be going to** + base verbale esprime un'intenzione (I'm going to buy a new car) o una deduzione a partire dalle circostanze presenti nel momento in cui si parla (look at the sky, it's going to rain).

- **Base verbale + -ing** (-ing form) si usa per esprimere una decisione presa prima di essere annunciata (I'm moving out next month).

- **Simple present**: per un evento/orario pianificato da un agente esterno (the train leaves at 5).

1 Unite ciascuna frase di sinistra al seguito corrispondente nella colonna di destra.

1. Someone's knocking at the door.
2. Look how fast this man is driving. He's
3. It says in the TV programme
4. Wait for me please.
5. It's agreed. We are

a. that the film starts at 8:30.
b. going to Spain for the holiday.
c. I'll be right back.
d. I'll get it!
e. going to have an accident.

Will o simple present?

Il futuro si costruisce:

- con **will** quando il verificarsi di un evento dipende da una condizione (I'll go if you come with me).

- con il **simple present** dopo **when, as soon as, until, while, before, after**, quando il verbo della principale è al futuro con **will** (I'll tell you as soon as I know); dopo alcuni verbi, tra cui **to bet** o **to hope** (I bet he doesn't come = scommetto che non verrà).

CAPITOLO 4: IL FUTURO

2 Indicate con una X la risposta corretta.

1. Have you decided yet? ... to the party tonight?
   - a. Do you come
   - b. Are you coming
   - c. Will you come

2. I heard you were sick.
   I hope you ... better soon.
   - a. will feel
   - b. feel
   - c. are feeling

3. The sky is getting so dark! I think it...
   - a. is going to rain
   - b. rains
   - c. will rain

4. In six months from now, I ... in Japan.
   - a. will live
   - b. live
   - c. will be living

Future continuous

Anche per il tempo futuro esiste una forma progressiva che si costruisce con **will be** + base verbale + **-ing**. Serve a esprimere un'azione che sarà in corso di svolgimento nel futuro: **this time tomorrow I'll be visiting Dublin**, domani a quest'ora starò visitando Dublino.

5. **Just for fun:** "It's not that I'm afraid to die. I just don't want to be there when it ... ." (Woody Allen)
   - a. is happening
   - b. will happen
   - c. happens

L'uso di shall

Oggi **shall** si usa perlopiù per esprimere una proposta o un'offerta (shall I take your coat? = Ti prendo il cappotto?) o per chiedere che cosa si vuole/deve fare (what shall we do?).

3 Completate le frasi con la forma del futuro corretta: shall, will, -ing form o simple present.

1. Are you cold? .... **(I - close)** the window?

2. Peter and Suzie .... **(get married)** in May.

3. The play .... **(begin)** at 8:30.

4. Let's go to the restaurant tonight, ... we?

5. I .... **(go out)** if I'm not too tired.

CAPITOLO 4: IL FUTURO

Tradurre fare: to make o to do?

Si usa **to make** quando "fare" ha il significato di creare, costruire o trasformare qualcosa (I made a cake). **To make** ricorre anche in numerose espressioni idiomatiche con un significato diverso (to make a call). Si usa il verbo **to do** quando "fare" rimanda a un obiettivo, a un'attività o a una professione (what do you do? = what is your job? = cosa fai nella vita?; I'm doing the dishes = lavo i piatti).

4 Completate con to do oppure to make coniugati al tempo corretto.

1. He .... his best but he .... many mistakes.

2. Could you .... me a favour and .... some tea?

3. That was a difficult choice to .... and I think you .... the right thing.

4. I'm going to .... the shopping this afternoon.

5. You could .... an effort, it's not so hard!

Interiezioni

Come in italiano, anche in inglese esistono numerosissime interiezioni. **Bang!** indica il suono di una botta, un'esplosione o un colpo e corrisponde ai nostri "bum / bam!". **Hush!** si esclama quando si vuole che si faccia silenzio e corrisponde al nostro "shhh!". L'esercizio che segue vi darà l'occasione per imparare altre locuzioni idiomatiche!

5 Abbinate ciascuna interiezione inglese all'equivalente in italiano.

1. Phew   •   • a. Gnam

2. Shoo   •   • b. Ahi

3. Ouch   •   • c. Uff

4. Yummy   •   • d. Ehm

5. Yuck   •   • e. Sciò

6. Hum   •   • f. Uh (disgusto)

CAPITOLO 4: IL FUTURO

6 In ciascuna fila di parole un termine contiene un errore ortografico. Barrate con una X la casella corrispondente.

bottle ☐, adress ☐, carrot ☐, cotton ☐, abreviation ☐, button ☐, miror ☐, enemy ☐, holiday ☐, litterature ☐, apartment ☐, coffey ☐, envelope ☐, agressive ☐, ridiculous ☐, acheive ☐, accross ☐, generally ☐, begining ☐, successful ☐, exemple ☐, abricot ☐, bank ☐, baggage ☐, caracter ☐, comfort ☐, shoking ☐, elegantly ☐, squirrel ☐, pineapple ☐, syrop ☐, clerk ☐, finaly ☐, selfish ☐, futur ☐, virtuous ☐, grateful ☐, fonction ☐, langage ☐, swimming ☐, pronounce ☐, spelling ☐, gard ☐, allowed ☐, crossroads ☐, projet ☐, chicken ☐, whistle ☐, rythm ☐, developement ☐, tongue ☐, Irland ☐.

Falsi omologhi

A causa della somiglianza di suono con i loro corrispettivi italiani, molti termini inglesi vengono scritti nel modo sbagliato. Per non incorrere in errori ortografici, prestate particolare attenzione alle consonanti (doppie o singole) e all'aggiunta o soppressione delle lettere.

7 Inserite negli spazi vuoti i termini relativi alla famiglia.

daughter / mother-in-law / uncle / aunt / brother / wife / sister / husband / nephew

1. A married couple is formed of .... and ....
2. Son is to boy what .... is to girl.
3. An only child has no ....s and ....s.
4. Your father's brother is your ....
5. Your father's sister is your ....
6. Your wife's/husband's mother is your ....
7. Your sister's/brother's son is your ....

Il vocabolario per la famiglia

Il termine **family** designa sia il nucleo familiare che l'idea di famiglia. "**A relative**" è **un parente**. L'esercizio a sinistra vi aiuterà a scoprire altri vocaboli utili!

CAPITOLO 4: IL FUTURO

Il vocabolario per l'abbigliamento

Abiti, vestiti (in generale) si traduce **clothes**. Per indicare un singolo capo si userà **a garment** o la locuzione **an item (an article/a piece) of clothing**. Arricchite il vostro vocabolario con l'esercizio qui sotto!

8 Separate con un trattino le singole parole che traducono i termini italiani qui sotto e riportatele negli spazi vuoti secondo lo stesso ordine dei loro equivalenti.

1. **giacca - completo - vestiti - pantaloni - camicia - vestito - calze - gonna - pullover - cappotto**

   clothesshirtjacketsweatersuitcoattrousersocksskirtdress

   ....
   ....

Fate la stessa cosa:

2. **portamonete - berretto - cappello - scarpa - sciarpa - cravatta - fazzoletto - guanto - cintura - ombrello**

   cappursehattiebeltscarfgloveshoeumbrellahandkerchief

   ....
   ....

9 Eseguite quanto richiesto negli esercizi qui sotto.

1. Trovate l'intruso:
   children - five - alive - die - child

2. Trovate l'intruso:
   buy - live - mind - dry

3. Trovate l'intruso:
   ideal - private - iron - spinach

4. **Right** non fa rima con:
   rite - fight - eight - write

5. Come si pronunciano la **i** e la **y** in **finally**?
   a. [i]/[i]   c. [i]/[ai]
   b. [ai]/[ai]   d. [ai]/[i]

I suoni [i] e [ai] (seguito)

Le lettere o i gruppi di lettere:
- **y**: my
- **ie**: lie
- **i**: night, five, find
- **eigh**: height

si pronunciano **[ai]**. Tuttavia esistono alcune eccezioni...

CAPITOLO 4: IL FUTURO

Il suono [i]: lungo o breve?

Ricordate: il suono [i] è associato a **i, ee, ea**. Avrete già notato che il suono [i] è spesso **breve** con la lettera **i** (slip), mentre è **lungo** con i digrammi **ee** e **ea** (sleep, meat): quando parlate è molto importante che facciate sentire bene questa differenza.

10 Inserite le parole nella tabella a seconda del suono lungo o breve della [i].

seek - beach - shit - leek - fill - seat - rid - bin - leave - chip - sheep - sit - read - sick - feel - ship - cheap - live - bean - bitch - sheet - lick

[i] suono breve	[i:] suono lungo

11 Cerchiate il termine corretto.

1. He is in hospital. He was **hit - heat** by a car.
2. Amanda **lives - leaves** in Japan now.
3. I usually **slip - sleep** very well at night.
4. He ate bad sushi and got very **sick - seek**. He almost died.

12 Indicate, per ciascun elenco, la parola non omofona.

1. leak - leek - lick
2. meet - meat - mate
3. ill - heel - heal
4. ceiling - sealing - sailing
5. still - steel - steal

Bravi, avete appena concluso il capitolo 4! Contate le icone e riportate il risultato a pagina 128 per la valutazione finale.

I verbi modali

I verbi modali

- **Funzione e costruzione:** i verbi modali servono a esprimere la possibilità, l'obbligo, la capacità o la probabilità. Sono invariabili (stessa forma per tutte le persone) e nella forma affermativa sono seguiti dalla **base verbale** (I/he/they must go). Nella forma interrogativa, soggetto e verbo sono invertiti (can you come? / should we leave?).

- **I principali verbi modali sono** (per la forma negativa e le particolarità vi rimandiamo alla pagina successiva):

    – **Can**, si usa per esprimere il concetto di **capacità, abilità** o **permesso** (I can speak German / can I come with you?).

    – **Could**, forma passata di **can**, usata anche per esprimere il concetto di possibilità nel presente e per formulare una richiesta nelle interrogative.

    – **Must**, serve a esprimere una **forte possibilità** → dev'essere: it must be nice to live by the sea, o un **obbligo nella forma affermativa** (you must do your homework).

    – **Should**, esprime un **consiglio/una raccomandazione** → dovresti, faresti meglio a (you should work harder).

    – **May**, serve a esprimere **un'eventualità** → può essere che (it may rain this afternoon), ma anche per chiedere, accordare o negare un **permesso** (may I smoke?).

    – **Would**, serve a formare **il condizionale**. Spesso si usa unito a **if, if only** (I would come if I could = verrei se potessi). Ricorre anche nelle **domande** per formulare una richiesta cortese (would you like to play tennis?).

1 Inserite il verbo modale corretto scegliendolo tra: can, must, should, may, could o would.

1. You didn't sleep last night. You .... be very tired. Maybe you .... take a nap.

2. You don't have a choice, you .... speak English fluently to work in this company.

3. I .... help you with your exam if I ...., but I'm afraid I'm terrible at maths.

4. It .... rain, it's sunny but there are a few clouds. Don't you think we .... take an umbrella?

5. **Just for fun:** "If the British .... survive their meals, they .... survive anything." (GB Shaw)

CAPITOLO 5: I VERBI MODALI

Forma negativa e particolarità

- **Can:** la forma negativa è **cannot** o **can't**. Per esprimere il concetto di capacità/abilità al futuro si ricorre alla locuzione **to be able to** + **base verbale** (I will be able to speak fluently in a few months).

- **Must:** la forma negativa è **must not** o **mustn't**. Si usa principalmente per formulare un **divieto** (you mustn't smoke in a hospital). Se si vuole esprimere un obbligo al passato o al futuro si userà **to have to** al passato o al futuro + **base verbale** (I had to work all weekend / I will have to cancel my holiday).

- **Should:** la forma negativa è **should not** o **shouldn't** (you shouldn't smoke so much).

- **May:** la forma negativa è **may not**. Per esprimere il concetto di autorizzazione al passato o al futuro si usa la costruzione **to be allowed to** + **base verbale** (I was allowed to take photos in the museum / I will be allowed to bring my dog to the hotel).

- **Would:** la forma negativa è **would not** o **wouldn't**. La struttura **would like to** + **base verbale** serve a esprimere un **desiderio** (I'd like to come with you).

2 Riordinando le parole nei riquadri colorati otterrete la traduzione delle seguenti frasi.

1. Posso aprire la finestra per cortesia?
   → ....

   may the open window I please?

2. Non avevo il permesso di venire.
   → ....

   come I to was allowed not

3. Non dovresti fumare di meno?
   → ....

   smoke not you less should ?

4. Ti andrebbe di uscire stasera?
   → ....

   tonight like you out go to ? would

5. Dovrò andare a fare la spesa.
   → ....

   do the to shopping have will I

CAPITOLO 5: I VERBI MODALI

3 Coniugate i verbi al tempo indicato tra parentesi.

1. I will be able to arrive by 5 o'clock (**SIMPLE PRESENT**):

   → ....

2. I must see a doctor about my allergies (**SIMPLE PAST**):

   → ....

3. I will be allowed to leave work earlier (**SIMPLE PRESENT**):

   → ....

4. May I call him? (**FUTURE**):

   → ....

5. I will have to tell them (**SIMPLE PRESENT**):

   → ....

Scambi quotidiani

La lingua inglese utilizza correntemente moltissime formule di cortesia. Tali formule sono utilizzate sia nelle situazioni formali che nelle situazioni informali. Per evitare di apparire freddi o maleducati, vi raccomandiamo di impararne qualcuna. Gli esercizi che seguono ve ne daranno l'occasione.

4 Inserite le parole mancanti.

later - get - thanks - see - bother

1. Thank you = ...
2. Excuse me = sorry to .... you
3. Buona guarigione = ... well
4. A dopo = ... you ....

5 Ricostruite le seguenti espressioni inserendo le lettere mancanti o riordinando le parole.

1. Congratulazioni! C _ _ G _ _ T _ L _ _ _ _ _ S!

2. Come va?   _ _ _   _ _ _   YOU?

3. Si dice quando ci si presenta: you/how/do/do? ....

CAPITOLO 5: I VERBI MODALI

4. Buona fortuna! G _ _ D   L _ _ K!

5. Prego! (dopo essere stati ringraziati)
   YOU'RE W _ _ CO _ _
   o DON'T ME _TI_ _ IT
   o NOT AT A _ _

Congratulazioni!

6 Ci sono diversi modi per chiedere a qcn. di ripetere qcs. Ordinate le proposizioni dalla più formale a quella meno formale, scrivendo le lettere a, b, c o d tra i simboli decrescenti.

a. sorry?   b. I beg your pardon?   c. could you repeat that, please?   d. what?

.... > .... > .... > ....

7 Cerchiate le risposte corrette.

1. Quale espressione non è corretta per tradurre **secondo me**?
   a. at my view…
   b. I think…
   c. in my opinion…
   d. from my point of view…

2. Come direste **sono d'accordo**?
   a. I am agree
   b. I am agreed
   c. I agree
   d. I am okay

3. Come direste **non sono d'accordo**?
   a. I disagree
   b. I'm not agreed
   c. I don't agree
   d. I'm disagreed

4. Per essere cortesi, si esprime il proprio disaccordo introducendo la frase con:
   a. not at all
   b. never mind
   c. I'm afraid…
   d. I believe…

5. Quale espressione non indica che siete sicuri di qualcosa?
   a. I'm sure (about)
   b. I'm certain (about)
   c. I'm positive
   d. I'm biased

6. Quale espressione non traduce **penso/suppongo**?
   a. I guess
   b. I suppose
   c. I bet
   d. I assume

CAPITOLO 5: I VERBI MODALI

Pronuncia della a

La **a** si pronuncia:
- **[o]** (fall, talk)
- **[ae]** (il suono di **a** è più vicino a quello di **e**: afraid, accept)
- **[ə]** (suono ridotto e poco distinto: postman)
- **[a]** (father, matter)
- **[ei]** (baby)
- **[a] nasale** (cat)
- **[i]** (cottage, vintage)

8 Rispondete alle seguenti domande.

1. Come si pronunciano le 3 **a** nella parola **banana**? 1 [.....] 2 [.....] 3 [.....]

2. **appreciate** fa rima con:
   a. demonstrate
   b. climate
   c. mat

3. In quale parola la lettera **a** non si pronuncia **[ei]**? potato - fashion - apricot - April

4. Quale parola contiene una **a** che non si pronuncia **[ae]**? again - agony - across - American

5. Trovate l'intruso: apple - traffic - final - rabbit

9 Trovate l'intruso.

1. rugby - tune - reduction - cup
2. funny - mud - customer - ruby
3. put - full - cool - fudge
4. honey - offer - some - open
5. blood - hood - enough - done

Il suono [a] chiuso

Si pronunciano **[a] chiusa** le vocali e i gruppi vocalici:
- **ou** (tough)
- **oo** (flood)
- **u** (up, duck)
- **o** (love)

Nota: gli italiani hanno la tendenza a pronunciare questa parola **[lov]**, ma in realtà si pronuncia **[lav]**!

10 In quali parole si ha il suono della [a] chiusa? Segnate con una X i casi corrispondenti.

1. ☐ destruction
2. ☐ hoover
3. ☐ luck
4. ☐ court
5. ☐ duke
6. ☐ god
7. ☐ moose
8. ☐ brother
9. ☐ rude
10. ☐ colour
11. ☐ rock
12. ☐ stuck
13. ☐ fool
14. ☐ seduction
15. ☐ rough

CAPITOLO 5: I VERBI MODALI

Pronuncia della j / g

- La **j** si pronuncia sempre **[dj]** (come la g di giacca): jar, enjoy, junior.
- La **g** si pronuncia **[dj]** quando si trova a inizio o a metà parola e nei gruppi **gi, gy, ge, dg, dge**: ginger, energy, knowledge, cabbage. Si pronuncia **[g]** (come la g dura di gatto) quando si trova a inizio, metà o fine parola: gold, game, finger, dog, fog. Si pronuncia **[f]** nei gruppi di lettere **gh**: laugh.

Nota: Anche la **d** nei gruppi di lettere **di** e **du** si pronuncia **[dj]**: dual, adjust, soldier.

11 In quale di queste parole non si sente il suono [dj]?

1. journey / adjective / gene / bridge / gibbon
2. module / sleigh / majesty / soldier / gym
3. mileage / getaway / badger / subdue / adjoin
4. ageing / project / twig / dune / budget

12 In quale di queste parole non si sente il suono [g]?

GATE argue spring monologue bagel germ giant

13 In quali di queste parole non si sente il suono [f]?

weigh tough laugh rough though sigh enough borough cough

Bravi, avete appena concluso il capitolo 5! Contate le icone e riportate il risultato a pagina 128 per la valutazione finale.

6 La costruzione infinitiva

Costruzioni infinitive con e senza to

- Base verbale **senza to (ø)**:

si usa con **i verbi modali** e la perifrasi **had better** (we'd better go / we must go), con i verbi **let** e **to make** (let him go / This film made me cry) e con l'espressione **why (not)?** (you look tired, why not take a holiday?).

- Base verbale **con to**:

si usa **dopo un aggettivo** (I find it difficult to talk with him), **nelle costruzioni finali, per esprimere uno scopo** (I went to the supermarket **to** buy some milk), davanti **alla maggior parte dei verbi non ausiliari** (choose, decide, hope, love, promise, refuse, want), con **gli avverbi interrogativi who, what, where**, ma in nessun caso con **why** (tell me what to do), con i verbi che esprimono una preferenza o sensazione come **would like/prefer/hate/love** (I'd like to tell you something), con le espressioni che rimandano a **un obbligo** (I have a lot of work to do), con **gli avverbi di quantità** come **enough, too much** (there was enough water to take a shower) e con **gli aggettivi** che esprimono un'emozione o uno stato d'animo come **disappointed, glad, happy, pleased, relieved, sad, surprised, shocked, afraid** (I'm pleased to come with you).

1 Barrate la risposta corretta.

1. I was so happy … that you got married.   ☐ a. learn   ☐ b. to learn
2. It's getting late. We'd better … .   ☐ a. go   ☐ b. to go
3. I promise … an effort.   ☐ a. to make   ☐ b. make
4. We will tell you when … .   ☐ a. leave   ☐ b. to leave

2 Abbinate ciascun inizio di frase al seguito corrispondente.

1. I let the children •
2. She was afraid •   • to go
3. Tell me where •   go
4. They can •

CAPITOLO 6: LA COSTRUZIONE INFINITIVA

Uso della -ing form

- **Formazione:** Base verbale + **-ing**

- **Uso:** può svolgere diverse funzioni all'interno della frase. Oltre alla forma progressiva, serve a costruire il **participio presente**, che in italiano traduciamo con una proposizione relativa (a crying kid), e quando nella frase il verbo svolge il ruolo di sostantivo (smoking is not good for you ≠ I want to smoke a cigarette).

Si usa dopo i verbi: **admit, avoid, consider, deny, enjoy, fancy, feel like, finish, resist, risk, spend, suggest** (I suggested going to the cinema); dopo **le preposizioni** e **gli avverbi**: **to, without, of, at, for, before, after, by, about, instead of** (the idea of losing never crossed her mind); dopo **i phrasal verbs**: **carry on, give up,** ecc. (he carried on reading); dopo i verbi **to mind e to stop**, e con la locuzione **can't stand**, ecc. (I can't stand waiting).

3. Cerchiate la risposta corretta.

1. Do you enjoy (**to swim - swim - swimming**) in the ocean?
2. They went for a walk instead of (**to watch - watch - watching**) a film.
3. She was pleased (**to see - see - seeing**) me.
4. Stop (**to make - make - making**) a noise!
5. He's so funny. He always makes us (**laugh - laughing - to laugh**).

4. Sottolineate le frasi la cui costruzione verbale è errata.

1. To cook pasta is not as easy as it seems.
2. I don't want to go to the cinema.
3. Why not staying for dinner?
4. He spends most of his free time travel.
5. I don't mind to help you.
6. I don't feel like cooking tonight.
7. Do you enjoy to read detective stories?
8. To drink too much tea or wine can stain your teeth.
9. You can't make progress without making an effort.
10. Doing yoga makes her feel good.
11. He gave up smoking last year.
12. He denied to steal the car.

CAPITOLO 6: LA COSTRUZIONE INFINITIVA

 Cerchiate le costruzioni corrette.

1. Can you help me **moving - to move - move** the sofa?
2. It started **to snow - snowing - snow** during the night.
3. We heard your dog **bark - to bark - barking** all night long!
4. I hate **to cycle - cycling - cycle** in the city.

Casi particolari

- Il verbo **to help** regge entrambe le costruzioni con o senza **to** (can you help me (to) wash the car?).

- I verbi di percezione **to hear, to feel, to see, to watch** si costruiscono senza **to** oppure con l'**-ing form** (I saw her cry/crying).

- I verbi che esprimono il concetto di inizio, continuazione o fine (**to begin, to start, to stop, to continue**) e i verbi **to hate, to like, to love, to prefer** sono seguiti da **to** oppure dall'**-ing form** (I like to play the piano - I like playing the piano).

Let's go shopping!

Del vocabolario relativo agli acquisti conoscete già il termine **shopping**, che è un buon inizio! Ma sapreste tradurre anche i termini **macellaio, pescivendolo** o **panettiere**? Sapreste cavarvela in un negozio? Prima di verificarlo con l'esercizio qui sotto, ricordate: "Most men hate to shop. That's why the men's department is usually on the ground floor of a department store - two inches from the door" (Rita Rudner). Adesso tocca a voi!

 Cerchiate la risposta corretta.

1. Come si dice **quanto costa**?
   a. how much is it?
   b. how many is it?
   c. how does it cost?

2. Se la cassiera vi chiede **do you have any change?** vuole sapere se:
   a. possedete una carta clienti
   b. avete delle monete
   c. pagate con carta di credito

3. **The sales** indica:
   a. lo stock   b. i saldi   c. i negozianti

4. Se negli USA la cassiera vi chiede **cash or charge?** vuole sapere se:
   a. avete un documento
   b. avete una carta clienti
   c. pagate in contanti o con la carta

5. Per chiedere un articolo in un'altra taglia, direte:
   a. is it in other sizes?
   b. do you have another sizes?
   c. does it come in other sizes?

CAPITOLO 6: LA COSTRUZIONE INFINITIVA

7 Completate la griglia con le professioni corrispondenti alle definizioni che trovate qui sotto. Nell'elenco di destra sono indicati i termini da inserire.

Across

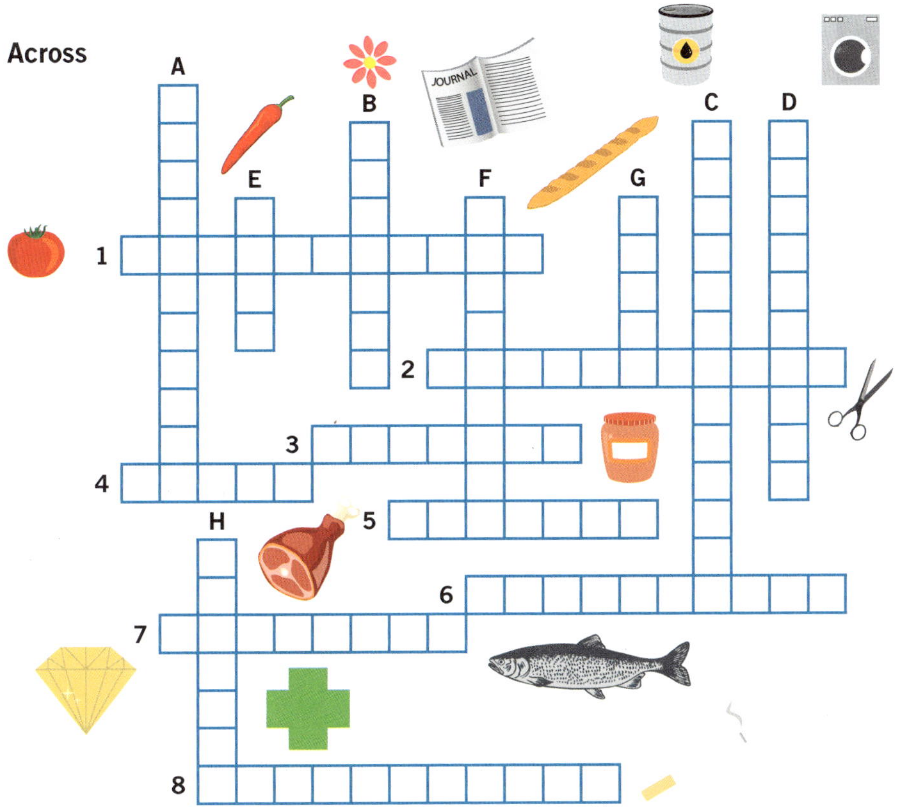

DELI
GREENGROCER
STORE
TOBACCONIST
PETROL STATION
SUPERMARKET
CHEMIST
FISHMONGER
FLORIST
LAUNDRETTE
GROCERY
HAIRDRESSER
BAKER
BUTCHER
JEWELLER
NEWSAGENT

1. fruttivendolo
2. parrucchiere
3. gastronomia
4. centro commerciale: "department…"
5. macellaio
6. pescivendolo
7. gioielliere
8. tabaccaio

A. supermercato
B. fioraio
C. benzinaio
D. lavanderia
E. droghiere
F. giornalaio
G. panettiere
H. farmacista

Down

8 Per indicare il negozio o l'ufficio di qualcuno si aggiungono un apostrofo e una lettera al nome del luogo stesso. Di quale lettera si tratta? Completate le frasi e cerchiate i termini che non aggiungono questa lettera.

1. I need to go to the baker' … .
2. Did you go to the butcher' … ?

3. supermarket - chemist - florist - department store

CAPITOLO 6: LA COSTRUZIONE INFINITIVA

9 Inserite le parole mancanti:

check-out, labels, order, trolley, items, cashier, delivered, basket, carrier, costs, buy, refund, customers, convenient, prices, send

1. When you go shopping, you will need a .... or a .... bag if you do not have many things to buy. If you need to do your weekly shopping at the supermarket, you will need a .... Some .... are very careful about what they .... They read the .... and check ...., others see shopping as a real chore and want to do it as quickly as possible. When you are done with the shopping, you need to go to the .... Some of them are automatic now but many people still prefer to talk to a ....

2. Many people now shop online. Online shopping is .... as you do not need to move from your place. It can be done quickly too as you just click and put the .... you want into your shopping basket. The shipping .... are generally reasonable and your things are generally .... in just a few days. To place your .... you need to give your credit card number, that is why some people do not trust this kind of shopping. Online shopping can be a problem if you need to buy shoes and clothes because you can't try them on. As a consequence, you sometimes need to .... them back and ask for a ....

Il suono [ei]

Si pronunciano **[ei]**:

- la vocale **a** (late, paste, Amy);

- i dittonghi **ei** (eight), **ey** (they), **ai** (rail), **ay** (way), **ea** (great).

Ma attenti! Esistono le eccezioni...

Just for fun: per migliorare la pronuncia di questo suono, allenatevi ripetendo la celebre frase di *My Fair Lady*: "The rain in Spain stays mainly in the plain".

10 Indicate le parole in cui non si sente il suono [ei].

1. rain - many - favourite - lemonade
2. Spain - says - degrade - available
3. mainly - heritage - impatient - fail
4. delicate - delay - saying - amazing
5. blame - claim - marriage - foray

CAPITOLO 6: LA COSTRUZIONE INFINITIVA

Il dittongo ea e il suono [ei] (seguito)

Il dittongo **ea** ha diverse pronunce: **[e] aperta** (head), **[ei]** (great), **[a]** (heart), **[i]** (read), **[ea]** suono intermedio tra **e** e **a** (wear), **[iea]** (fear).

Scrivete i seguenti termini nell'elenco qui sotto a seconda della pronuncia del dittongo ea.

breathe clean PEAR breath SWEAT ahead peasant treasure ocean swear steak bead year idea bear hearth cleanse beard create

Il dittongo **ea** si pronuncia come in:

1. head **[e] aperta**: ....

2. great **[ei]**: ....

3. heart **[a]** : ....

4. read **[i]** : ....

5. fear **[iea]**: ....

6. wear **[ea]**: ....

7. altri: .... + ...

Bravi, avete appena concluso il capitolo 6! Contate le icone e riportate il risultato a pagina 128 per la valutazione finale.

7
Imperativo, ellissi e question tags

L'imperativo

- L'imperativo in inglese esiste solo alla seconda persona (singolare e plurale) ed è l'unico tempo verbale che non vuole il soggetto. Vediamone la formazione:
  - **forma affermativa:** base verbale senza **to** (vai/andate! → go!) Alle altre persone, tranne che alla prima persona plurale, l'imperativo si forma con **let** + pronome personale + verbo. In questo caso, però, assume il significato di permettere, lasciare: (let her come → falla entrare, che entri). L'imperativo delle prima persona plurale si costruisce con **let** + **us** (generalmente abbreviato in **let's**) + verbo. Si usa non per esprimere un ordine o comando, bensì un'esortazione, un'esclamazione o un suggerimento (let's talk → parliamo).
  - **forma negativa: don't/do not** + forma base senza **to** (don't go → non andare/non andate). Alle altre persone si usa **let** + pronome personale + verbo senza **to** (let her not speak → che non le sia permesso di parlare / let's not be late → non tardiamo).

1 Riordinate le parole che compongono la traduzione delle seguenti frasi.

1. Andiamo al ristorante!	restaurant/us/the/let/to/go!	
2. Che facciano silenzio!	quiet/let/be/them!	
3. Non ne parliamo!	talk/us/about/not/that/let!	

2 Volgete le frasi all'imperativo.

1. We go on holiday together. → ....
2. You do not give me orders. → ....
3. They arrive on time. → ....
4. We do not argue about silly things. → ....
5. He doesn't smoke in the building. → ....

CAPITOLO 7: IMPERATIVO, ELLISSI E QUESTION TAGS

Uso dell'ellissi

- **Funzione:** l'ellissi si usa per costruire delle risposte brevi e concise omettendo uno o più termini della frase quando questi possono essere sottintesi. L'ellissi serve a evitare di ripetere quanto è già stato enunciato.

- **Si usa:**

  – nelle domande chiuse per rispondere **sì** o **no**. In inglese a **yes/no** si aggiunge il soggetto seguito dall'ausiliare coniugato al tempo utilizzato nella domanda (do you like swimming? → yes, I do / have you eaten yet? → yes, I have / did you go to the cinema yesterday? → no, I didn't).

  – in risposta a un invito / una proposta (how about going to the restaurant on Sunday? → I'd love **to**).

  – per tradurre **suppongo/penso/spero** (→ I suppose **so**/I think **so**/I hope **so**).

  – per tradurre **anche io/tu/lui**, ecc. → **so** + ausiliare o modale + pronome (I like tea, so does he / he has been to Berlin, so have I / I can swim, so can you); **neanche io/tu, ecc.** = **neither** + ausiliare o modale + pronome (you shouldn't come, neither should I / they didn't sleep last night, neither did I / I haven't done the shopping, neither have you).

3 Unite ciascuna domanda alla risposta corrispondente.

1. Is it going to rain?
2. Have you got a pet?
3. Will you come tonight?
4. Does your sister smoke?

a. Yes, I have.
b. No, she doesn't.
c. I think so.
d. I'd love to.

4 Rispondete alle seguenti domande con un'ellissi come nell'esempio:

Es.: Have you ever been to Japan? (no) → No, I haven't.
Es.: Is he married? (yes - think) → Yes, I think so.

1. Did you go to the concert last night? **(no)** → ....

2. Do you think the weather will be fine? **(yes - hope)** → ....

3. Does she have a car? **(yes)** → ....

4. Is he English? **(no)** → ....

CAPITOLO 7: IMPERATIVO, ELLISSI E QUESTION TAGS

5 Riformulate le frasi con "anch'io", "neanch'io" secondo la struttura ellittica indicata negli esempi.

Es.: She has a headache. I have a headache too. → so have I.
Es.: I will not come. You will not come either. → neither will you.

1. You are sad. I am sad too. → ....

2. He has been to Japan. I have been too. → ....

3. She didn't sleep well last night.
   I didn't sleep well last night either. → ....

4. They can play the piano. I can play the piano too. → ....

5. You ate sushi for lunch. I ate sushi for lunch too. → ....

Question tags

• **Natura e funzione:**

Le **tags** sono brevi enunciati interrogativi che chiudono la frase e corrispondono ai nostri "vero?, non è vero?, no?, giusto?". Si usano per **avere una conferma** a quanto è stato appena detto.

• **Formazione:**

Si ripete **l'ausiliare** o il **modale** della frase principale. Qualora non ci sia **l'ausiliare** o il **modale**, si impiega **to do** alla persona e al tempo usato nella frase principale. La forma verbale della **tag** va posta al contrario di quella della frase principale: se la principale è affermativa, la **tag** sarà negativa e viceversa. Il verbo è seguito dal pronome personale soggetto, corrispondente al soggetto della frase principale (she's 40, isn't she? / you like coffee, don't you? / you didn't go to the party, did you? / she doesn't like porridge, does she? / you can swim, can't you?).

Casi particolari

• **Le frasi con to have**

– **se to have è l'ausiliare** si usa anche nella tag al present perfect (she has been to Russia, hasn't she?).

– **se to have è un verbo di possesso**, nella tag si usa **do** o **did** (we have plenty of time, don't we?).

– con la locuzione **to have to** con il significato di **must**, nella tag si usa **do** o **did** (she had to leave, didn't she?)

• **Da sapere:**

– Il termini **no, none, rarely, never** rendono la frase negativa, anche se il verbo della frase principale è alla forma affermativa (she has no pets, does she?).

– dopo un imperativo, si può riprendere l'enunciato con **will you?** o **would you?** per chiedere a qcn. di fare qcs.

– la tag per l'imperativo esortativo **let's** è **shall we?**

CAPITOLO 7: IMPERATIVO, ELLISSI E QUESTION TAGS

6 Chiudete la frase con la question tag corretta.

1. Pass me the salt, ... ?
2. She doesn't have a boyfriend, ... ?
3. He went on holiday to Brazil, ... ?
4. Let's go bowling tonight, ... ?
5. I guess she has no choice, ... ?

VERO? giusto? non è vero? no? VUOI?

Paesi e nazionalità

Nota: i nomi di paesi non sono preceduti dall'articolo determinativo **the**, tranne: the United Kingdom, the USA, the Netherlands e the Lebanon. Vi ricordiamo che **Italia** si dice **Italy**, gli altri paesi scopriteli voi!

7 Riordinate le lettere. Otterrete la traduzione dei sostantivi italiani.

1. Germania: **YRAMENG** ....
2. Spagna: **IPASN** ....
3. Giappone: **NAJPA** ....
4. Turchia: **RUTEYK** ....
5. Norvegia: **WROYNA** ....

8 Cerchiate la risposta corretta

1. La Francia = ...
   a. France   b. French   c. Frence
2. L'Ungheria = ...
   a. Ungary
   b. Hungary
   c. Unghery
3. La Svizzera = ...
   a. Swiss
   b. Switzerland
   c. Swisserland
4. La Danimarca = ...
   a. Denmark
   b. Danmark
   c. Denmarck

9 Separate le parole che formano il Regno Unito:

walesirelandenglandscotland

....
....

CAPITOLO 7: IMPERATIVO, ELLISSI E QUESTION TAGS

Le nazionalità

• **Gli aggettivi di nazionalità**

Non c'è una regola precisa per la loro formazione. In genere hanno la stessa radice del sostantivo indicante la nazione, alla quale si aggiunge un suffisso.

-sh/ch: French, Irish, English
-ese: Chinese, Burmese
-an: American, German.

• **I sostantivi di nazionalità**

Si formano aggiungendo all'aggettivo di nazionalità la desinenza:

-man/men se l'aggettivo termina in **sh/ch** (an Irishman ➔ two Irishmen). Esistono delle eccezioni che occorre imparare a memoria (Poland ➔ Polish ➔ a Pole). Per indicare una popolazione (gli inglesi, i cinesi, ecc.) basta preporre l'articolo **the** all'aggettivo di nazionalità (the English, the French, ecc.) o posporre a questo il sostantivo **people**, ma senza **the** (English people, Chinese people).

-an/ans (an Australian, a Canadian ➔ two Australians, the Canadians).

-ese (a Chinese). La forma plurale resta invariata (➔ two Chinese, the Chinese).

• **Note**

Sia i nomi che gli aggettivi di nazionalità si scrivono sempre con l'iniziale maiuscola.

Alcuni nomi o aggettivi di nazionalità non seguono le regole appena viste. Ne incontreremo alcuni nel prossimo esercizio.

10 **Cerchiate le risposte corrette.**

1. **Duncan is from Edinburgh. He is…**
   a. a Scots   b. a Scot   c. Scotish
   d. Scottish

2. **Someone coming from Denmark is…**
   a. a Danishman   b. a Danish
   c. a Dane   d. a Danese

3. **… eat a lot of cabbage.**
   a. The German   b. German people
   c. The Germans   d. Germanmen

4. **Juan comes from Madrid. He is…**
   a. Spanish   b. a Spaniard man
   c. a Spaniard   d. a Spanishman

5. **"If … gets run down by a truck he apologizes to the truck."** (Jackie Mason, in riferimento alla proverbiale cortesia degli inglesi).
   a. an English   b. an England man
   c. an Englishman

CAPITOLO 7: IMPERATIVO, ELLISSI E QUESTION TAGS

 Completate le frasi con as o like.

1. His sister looks ………… the first lady.
2. She was hired ………… a consultant.
3. I took two tablets a day, ………… the doctor ordered. I feel better now.
4. You look beautiful, this dress fits you ………… a glove.
5. He eats ………… a horse!

As o like ?

Come, quando si fa un paragone tra due elementi, si traduce **as** o **like**.

– **Like** esprime una **rassomiglianza**. Si utilizza davanti ai nomi o ai pronomi: he swims like a shark.

– **As** esprime un'**identità** tra due elementi. Si usa davanti alle proposizioni verbali: nobody sings as he does. Si usa inoltre per precisare una **funzione** o un **ruolo** (→ in qualità di…). In questo caso funge da preposizione e si usa preposto a un nome: he worked as a shop assistant for two years.

Pronuncia: sh / ch

sh si pronuncia **[sc]** (come in scialle: shine, shoe) mentre **ch** si pronuncia **[c]** (c dolce come in ciao: cheese, child).

 Scrivete a lato di ciascun termine la traduzione corretta tra quelle proposte.

scarpa - patatina - cheap - to chop - ship - pecora - to chew - to cheat - negozio - lenzuolo

ITALIANO / INGLESE	INGLESE / ITALIANO
1. nave → …………	6. chip → …………
2. ingannare → …………	7. sheet → …………
3. economico → …………	8. sheep → …………
4. tagliare (a pezzi) → …………	9. shop → …………
5. masticare → …………	10. shoe → …………

Bravi, avete appena concluso il capitolo 7! Contate le icone e riportate il risultato a pagina 128 per la valutazione finale.

8
I sostantivi

Il plurale dei sostantivi

In generale il plurale di un sostantivo si forma aggiungendo una **-s** al sostantivo stesso. Esistono tuttavia alcuni sostantivi che formano il plurale in modo irregolare:

- alcuni modificano la vocale (foot ➜ feet)
- i nomi terminanti in **x, s, sh** o **ch**, tranne i sostantivi di nazionalità, aggiungono la desinenza **-es** (dish ➜ dishes)
- i nomi terminanti in **y** formano il plurale in **-ies**, tranne nei casi in cui la **y** è preceduta da una vocale (baby ➜ babies; key ➜ keys)
- i nomi terminanti in **f, fe, lf** formano il plurale in **-ves** (knife ➜ knives)
- i nomi terminanti in **o** formano il plurale in **-oes** (tomato ➜ tomatoes)
- alcuni termini non aggiungono la **-s** al plurale, restando invariati (fish ➜ fish)
- alcuni nomi **in apparenza plurali** sono **in realtà singolari (il verbo che segue è singolare)**. Rientrano in questo caso i nomi (di origine greca) indicanti alcune discipline e terminanti in **ics**: physics is not her favourite subject ➜ la fisica non è la sua materia preferita.
- alcuni nomi terminanti in **-s** sono sempre **singolari** (news is good ➜ le notizie sono buone; the bike is a good means of transport ➜ la bicicletta è un buon mezzo di trasporto)
- alcuni nomi **singolari** fungono da **sostantivi collettivi** e sono generalmente accompagnati da un **verbo plurale** (the police are looking for the murderer)

① Scrivete il plurale dei seguenti sostantivi.

1. mouse : ....
2. tooth : ....
3. goose : ....
4. studio : ....
5. woman : ....
6. leaf : ....
7. lady : ....
8. wife : ....
9. man : ....
10. potato : ....
11. knife : ....
12. child : ....
13. wolf : ....
14. family : ....
15. sheep : ....
16. shelf : ....

CAPITOLO 8: I SOSTANTIVI

Sostantivi numerabili e non numerabili

- I sostantivi in inglese si dividono in numerabili (countables) e non numerabili (uncountables). La maggior parte di essi sono **numerabili**, ovvero possono essere contati e dunque preceduti da un numero (one chair, two chairs, ecc.). Possono essere preceduti anche dall'articolo indeterminativo a/an, dall'articolo determinativo the (o altri determinanti: that, this, ecc.), e dall'aggettivo possessivo.

- Sono **non numerabili** i nomi che non possono essere contati (rain). Non sono mai preceduti da un numero, ma da un elemento che ne esprime la quantità. In generale sono quei nomi che indicano sostanze, materiali e tessuti (glass, iron, velvet); alimenti (milk, toast, meat, bread, fruit); nomi astratti e concetti generali (fear, change, love, advice, evidence, progress, society); nomi collettivi (hair, furniture, luggage). Infine, non sono **mai utilizzati** con l'articolo determinativo **a/an**, né con un numerale, non hanno la forma plurale, ma sono seguiti dal verbo al singolare (i suoi capelli sono grigi → his hair is grey). Per indicare un'unità di un elemento non numerabile si usano le locuzioni **a piece of**, **a mode of**, **a kind of**, **a type of** e per un quantitativo indefinito **some**, **little** oppure **much** (a piece of advice, some furniture, a lock of hair, a type of leather).

2 Cerchiate le frasi corrette.

1. I had a fruit for dessert.
2. My pant is too large.
3. Her favourite class is economic.
4. This piece of equipment is old.
5. The toasts are delicious.
6. The rubbish is collected twice a week.
7. He showed a remarkable honesty.
8. I had three chewing-gums today.
9. There isn't much furniture in his flat.
10. I love sushi.
11. My luggages are heavy.
12. His politics is rather left-wing.

3 Unite ciascun numero alla lettera corrispondente.

1. a bar of
2. a slice of
3. a pair of
4. a bunch of
5. a pinch of

a. trousers
b. grapes
c. chocolate
d. salt
e. bread

4 Cerchiate le risposte corrette.

1. a. the pastas are good
   b. the pasta are good
   c. the pasta is good
2. The police have...
   a. two pieces of evidence
   b. an evidence
   c. evidences

CAPITOLO 8: I SOSTANTIVI

Il vocabolario per il corpo e la salute

Vi ricorderete certamente del termine **body**, che significa **corpo**. Ma vi ricordate delle singole parti che lo compongono? Prima di tornare agli esercizi, ecco un simpatico modo di dire: "If your feet smell and your nose runs, you're built upside down."

5 Completate gli schemi con le parole qui sotto.

A.
neck / eye / cheek / nose / chin / mouth / hair / forehead / ear / throat

1 ....
2 ....
3 ....
4 ....
5 ....
6 ....
7 ....
8 ....
9 ....
10 ....

B.
foot / knee / head / shoulder / arm / chest / belly / fingers / hand / leg

1 ....
2 ....
3 ....
4 ....
5 ....
6 ....
7 ....
8 ....
9 ....
10 ....

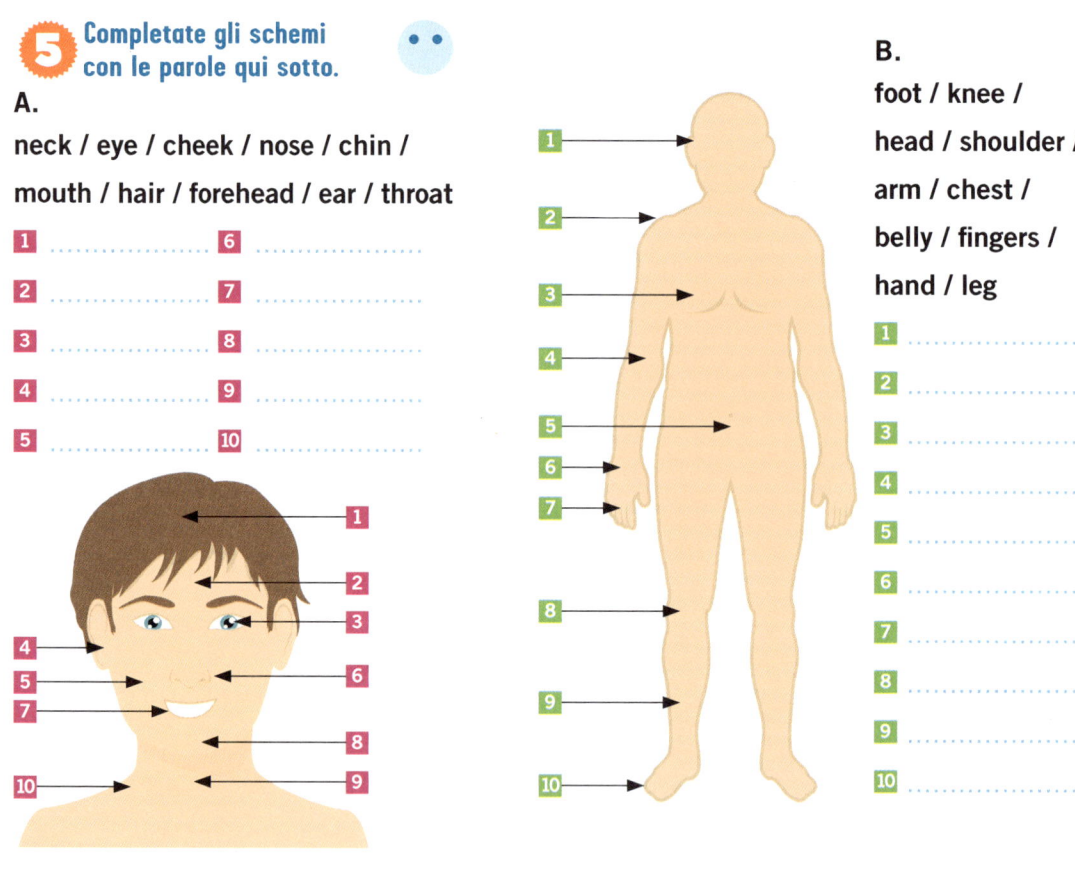

6 Separate le parole che traducono i termini qui sotto, poi riscrivete i vocaboli inglesi nell'ordine dei loro equivalenti italiani.

infermiera / tosse / febbre / raffreddore / pastiglia / medico / malato / ricetta / influenza / salute
coldprescriptionflutabletphysicianfeverhealthsickcoughnurse

....
....

7 Cerchiate la risposta corretta.

1. Avete male alla gola: my...
   a. thraot is soar b. throat is sore
   c. throught is sour

2. Avete mal di testa:
   a. My head makes bad.
   b. I have a bad head.
   c. I have a headache.

3. Il naso vi cola: my nose is...
   a. butched b. heavy
   c. stuffed d. running

4. Avete male all'orecchio: my ear...
   a. is ache b. hurts c. hearts d. pains

5. Avete mal di schiena. Quale di queste frasi non è corretta?
   a. I've got a backache.
   b. I've got a pain in my back.
   c. My back hurts.
   d. My back makes pain.

8 Cosa significano questi acronimi?

1. G.P.
   a. General Practitioner
   b. Gynaecological Practice
   c. Genetic Profile

2. TB
   a. Tissue Biopsy
   b. Temporary Paralysis
   c. Tuberculosis

3. AIDS
   a. Acquired Immunodeficiency Syndrome
   b. Anaemia, Infection, Depression and Stress

4. STD
   a. Symptoms of Traumatic Disorder
   b. Sexually Transmitted Disease

5. DNA
   a. Deoxyribonucleic Acid
   b. Dehydration, Nausea and Amnesia

British o Yankee?

La differenza tra l'**inglese britannico** e l'**inglese americano** è poco marcata nel parlato. Tuttavia esistono molte differenze ortografiche: le parole che in inglese britannico terminano in **our**, in inglese americano terminano in **or** (neigh<u>bor</u>, col<u>or</u>, ma anche favo<u>rite</u>). Occorre sapere però che la differenza sta soprattutto nell'uso di vocaboli diversi per indicare lo stesso concetto, come vedrete nel seguente esercizio.

9 Ricostruite le coppie di parole inglesi/americane inserendo i seguenti termini nel gruppo adeguato (in corrispondenza dell'equivalente corrispondente).

holiday
fall
flat
cookies
truck
subway
cab

INGLESE: autumn, lorry, ..., biscuits, underground, taxi, ...

AMERICANO: ...., apartment, ..., ..., vacation, ...

CAPITOLO 8: I SOSTANTIVI

10 Trovate gli equivalenti mancanti.

	Equivalente inglese	Indizio	Equivalente americano
1.	shop	ST • • E	
2.	jumper	SW • • • ER	
3.	football	SO • • ER	
4.	stupid	DU • •	
5.		• • GRY	mad

11 Unite ciascun termine inglese all'equivalente americano corrispondente.

1. bill   a. check
2. lift   b. movie
3. trainers   c. elevator
4. film   d. French fries
5. chips   e. sneakers

Il suono [o]

Si pronunciano [o]: **aw, au, or, a, ou, oar, oo** (raw, taught, daughter, born, war, roar, bought, door). Ma anche questa non è una regola fissa...

12 Indicate le parole in cui non si sente il suono [o].

1. torn - soar - wood - corn
2. laugh - caught - fought - board
3. scorn - favour - boar - floor
4. thorn - thought - law - flour

13 Cerchiate le quattro parole in cui si sente il suono [o].

FOOL   awful   born

   out   sought   wolf

CAPITOLO 8: I SOSTANTIVI

Il suono [u]

Si pronunciano generalmente **[u]** i gruppi **ew** (flew), **oo** (spoon), **ue** (blue), **ui** (fruit), **ou** (group), **u** (flu), **oe** (shoe). Come al solito non è però una regola sistematica...

14 Trovate l'intruso.

1. cook - look - full - hour
2. zoo - crew - bubble - true
3. cool - glue - suit - toe
4. soup - flood - rude - cruise

15 Cerchiate le cinque parole in cui si sente il suono [u].

rude — juice — soon — blood — pour — biscuit — drew — foul — sue

16 Vero o falso? Leggete le frasi e barrate la risposta corretta.

1. **drew** fa rima con **you** e **blue**. ☐ VERO ☐ FALSO
2. **put** fa rima con **cut**. ☐ VERO ☐ FALSO
3. **flour** fa rima con **sour** e **hour**. ☐ VERO ☐ FALSO
4. In **pool** e **pull** si sente il suono [u] ☐ VERO ☐ FALSO

Bravi, avete appena concluso il capitolo 8! Contate le icone e riportate il risultato a pagina 128 per la valutazione finale.

9
Gli articoli

L'articolo non si usa davanti (Ø)…

…agli aggettivi e ai pronomi **possessivi** (my, yours, ecc.); ai **sostantivi che indicano una categoria generica** (I'm afraid of snakes); ai nomi **non numerabili** (life, water, bread, wood, ecc., love is complicated / wood is used to make furniture); ai nomi **propri** e ai **titoli ufficiali** (President Obama, Queen Elizabeth); ai nomi **di nazione** (France, Germany, ecc., tranne the United Kingdom, the USA, the Netherlands e the Lebanon); ai **luoghi istituzionali** (school, hospital, work, prison, home); agli **oggetti numerati** (page 60); agli **sport** (I played football when I was a child); alle espressioni con **all**, **last** e **next** (all day, all night long, I went to China last year); alle **ore** (I usually get up at eight); ai **nomi di parentela usati tra famigliari** (call daddy!).

1 Barrate la risposta corretta.

1. It's cold today. Don't leave the house without … coat.   ☐ Ø ☐ a ☐ the
2. … animals are not allowed in the building.   ☐ Ø ☐ the
3. They are getting married. What … wonderful surprise!   ☐ Ø ☐ a ☐ the
4. It would be impossible to live without … Internet today. ☐ Ø ☐ the
5. His wife doesn't have … sense of humour.   ☐ Ø ☐ a ☐ the

2 Completate le seguenti traduzioni con l'articolo determinativo o il segno Ø laddove l'articolo non occorra.

1. **Tuo padre è a casa?**
   → Is your dad ………. home?

2. **La scorsa settimana Paul ha comprato una macchina.**
   → Paul bought a car ………. last week.

3. **Vado al lavoro in metro.**
   → I take ………. underground to go to work.

4. **Odia camminare sotto la pioggia.**
   → She hates to walk in ………. rain.

L'articolo the si usa…

…quando si parla di un **oggetto noto o deducibile** dal contesto (where is the cat? → il mio, il nostro); davanti ai nomi che indicano **un'entità unica** (the weather, the sun, the future); con **luoghi o oggetti di intrattenimento** tranne Ø television (the theatre, the cinema, the radio); con i nomi di **negozi**; con le **invenzioni scientifiche** (the computer has become vital); con gli **strumenti musicali** (he plays the guitar).

CAPITOLO 9: GLI ARTICOLI

L'articolo indeterminativo "a" si usa davanti...

...ai sostantivi **che iniziano per consonante** (a car, a house), se il sostantivo inizia per vocale si usa **an**; quando si parla di un oggetto **non conosciuto o indefinito** (I need a knife ➜ uno qualsiasi, non importa quale); davanti ai nomi **di professione** o **carica** (she is a teacher / he is here as an official); davanti a nomi che indicano una **confessione religiosa** o una **preferenza politica** (she is a Catholic, he is a democrat); con i nomi indicanti un **disturbo fisico** (I have a headache); nelle locuzioni **without + nome** (it's hard to live without a car ➜ è difficile vivere senza macchina); nelle **esclamazioni** (it's such a beautiful car! / what a nice car!); in certe **espressioni idiomatiche da imparare a memoria** (to be in a coma, to make a fire, ecc.).

3. Trovate gli errori e riscrivete le frasi nella forma corretta.

1. Her husband is an architect. What beautiful house they have!

   ➜ ....

2. The baby has fever, he cried all the night.

   ➜ ....

3. The religion can be a problem in couples. His mother doesn't like that his wife is a Protestant.

   ➜ ....

4. We're in the room 35.

   ➜ ....

5. The chocolate that we bought yesterday is delicious. I love the milk chocolate.

   ➜ ....

4. Completate le frasi seguenti con gli articoli a(n), the o con il segno ∅.

1. She plays .... piano.

2. .... President Kennedy was killed in Dallas.

3. I can't play .... tennis.

4. I generally don't like .... glasses but I love .... glasses you're wearing.

5. **Just for fun:** "I can resist everything except .... temptation." (Oscar Wilde)

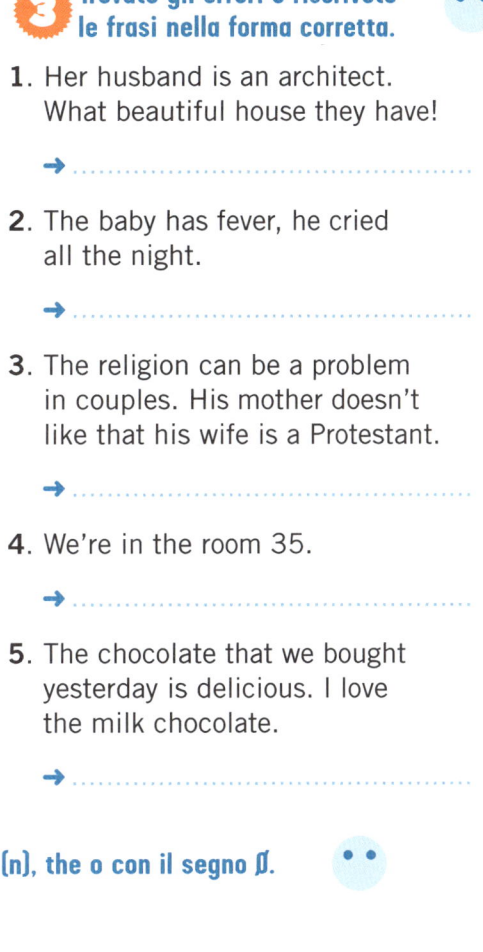

CAPITOLO 9: GLI ARTICOLI

Proverbi ed espressioni correnti

Confondete ancora **I don't mind** con **I don't care**? Cosa significano **You can't have your cake and eat it, Bless you, Never mind, What a pity**? Avrete certamente già sentito le espressioni idiomatiche proposte nei seguenti esercizi, ma cosa vogliono dire? Ecco l'occasione per impararle.

5 Trovate gli equivalenti delle espressioni qui sotto.

1. **In un batter d'occhio**
   a. An eye for an eye
   b. In a pig's eye
   c. In the blink of an eye
   d. Easy on the eye

2. **Facile come bere un bicchier d'acqua**
   a. As easy as ABC
   b. Easy come easy go
   c. Easy touch
   d. As easy as pie

3. **È fatta**
   a. It's in the bag
   b. It's in the pocket
   c. It's a no-loser
   d. It's a raw deal

6 Unite ciascun proverbio al suo equivalente italiano.

1. Like father like son
2. That's the way the cookie crumbles
3. Better safe than sorry
4. To be in a pretty pickle
5. You can't have your cake and eat it

a. Meglio prevenire che curare
b. Non si può avere la botte piena e la moglie ubriaca
c. Essere in un bel pasticcio
d. Così va il mondo
e. Tale padre tale figlio

7 Ricostruire i cinque proverbi inserendo i termini elencati qui sotto.

camel
tea
bush
way
fish

Proverbio inglese	Equivalente italiano
1. Where there's a will there's a	Volere è potere
2. There are plenty of .... in the sea	Morto un Papa se ne fa un altro
3. For all the .... in China	Per tutto l'oro del mondo
4. It's the straw that breaks the ....'s back	È la goccia che fa traboccare il vaso
5. To beat about the	Menare il can per l'aia

CAPITOLO 9: GLI ARTICOLI

8 Ricomponete i seguenti proverbi inserendo le lettere mancanti.

Proverbio inglese	Equivalente italiano
1. To paint the town r _ _	Fare baldoria
2. Boys will be b _ _ s	I ragazzi sono ragazzi
3. Practice makes per _ _ ct	La pratica rende perfetti
4. It's just p _ _ in the sky	Sono solo parole al vento

9 Trovate la traduzione corretta.

1. **Bless you!**
   a. Salute!
   b. A buon rendere!
   c. Auguri!

2. **I'm positive.**
   a. Sono ottimista.
   b. Sono d'accordo.
   c. Sono sicuro.

3. **To give a hand.**
   a. Chiedere la mano.
   b. Aiutare.
   c. Scommetterci.

4. **Non c'è problema.**
   a. I don't matter.
   b. I don't care.
   c. I don't mind.

5. **Non mi importa.**
   a. I don't matter.
   b. I don't care.
   c. I don't mind.

10 Unite ciascuna espressione al suo equivalente italiano.

1. Look out!
2. Never mind!
3. I'm fed up!
4. What a pity!
5. Long time no see!

a. Quanto tempo!
b. Ne ho le scatole piene!
c. Non fa niente!
d. Attenzione!
e. Che peccato!

CAPITOLO 9: GLI ARTICOLI

Il vocabolario per i viaggi e le vacanze

Viaggiare si traduce **to travel**. Poiché **travel** non è numerabile (e quindi non può essere preceduto dall'articolo indeterminativo), per riferirsi a *un viaggio* occorre utilizzare i termini **a trip** (se il viaggio è breve) o **a journey** (se il viaggio è lungo). *Fare un viaggio* si traduce dunque **to make/to take a journey/trip** oppure **to go on a journey/trip**.

 Completate i testi con i seguenti termini.

travel, airport, train, departure, luggage, ticket, plane, flight, passport, check, hotel, rent, guide, map, museums, castles, monuments, postcards, bike, foot, guesthouse, sightseeing, travel agency, package, camping

1. You can .... for work or for pleasure, by car, by .... or by .... If you go abroad, you'll need a .... and will generally fly there. You can buy your .... online. You'll need to get to the .... a few hours before the ...., to register your .... and go through the security .... Let's hope you won't get sick during the .... !

2. When going on holidays, those who do not want to book a .... or deal with transport go to a .... and choose a .... holiday. Those who like Nature generally go .... and sleep in a tent. Many people go ...., which means that they want to see all the interesting places like ...., ..., and .... They generally .... a car, or they just go by .... or on .... and visit the places with a .... book and a street .... To show their families and friends what they are visiting, people like to send .... Hotels are sometimes seen as a bit cold and impersonal, that's why more and more people like to stay at a ....

 Barrate l'intruso

1. food - door - moose - too
2. mood - blood - goose - wood
3. floor - book - good - soot

Le vocali doppie: oo

La vocale doppia **oo** si pronuncia [o:], la **o** ha un suono prolungato (door); [u:], la **u** ha un suono prolungato (food, mood). Più raramente ha il suono di una [a] chiusa (flood, blood).

CAPITOLO 9: GLI ARTICOLI

 Collocate i seguenti termini nell'elenco qui sotto a seconda della pronuncia del dittongo ou.

> **Il dittongo ou**
>
> Il dittongo **ou** si pronuncia **[au]** (thousand), **[o:]** lunga (four), **[u:]** lunga (group), **[a]** chiusa (enough), **[ou]** (although), **[ə]** (suono ridotto e poco distinto: journey).

courage announce journal SOUTH young soup your couple course trouble account you brought pour enormous tourist country

Il dittongo **ou** si pronuncia come in:

1. thousand **[au]** ....

2. four **[o:]** ....

3. group **[u:]** ....

4. enough **[a]** ....

5. journey **[ə]** ....

14 Vero o falso? Il dittongo ou ha la stessa pronuncia in...

1. courage - double - trouble   ☐ VERO   ☐ FALSO
2. about - shout - mouse   ☐ VERO   ☐ FALSO
3. through - resource - youth   ☐ VERO   ☐ FALSO

Bravi, avete terminato il capitolo 9! Contate le icone e riportate il risultato a pagina 128 per la valutazione finale.

Gli avverbi di quantità

Avverbi di quantità

Come indica il loro stesso nome, servono a esprimere una quantità. Prima di usarli, fate attenzione al sostantivo cui si riferiscono, ovvero se è numerabile **(count.)** o non numerabile **(uncount.)**.

- **nessuno, alcuno: not any/no + count. o uncount.** (I have no money - I don't have any money / I have no pets - I don't have any pets).
- **un po' di, poco/a, pochi/e: little + uncount.** (there's little milk left ➜ è quasi finito) oppure **few + count. plurale** (few shops sell this type of coffee ➜ pochissimi, quasi nessuno).
- **qualche, un po' di, poco/a, pochi/e: a little + uncount.** (I like a little cheese on pasta ➜ non moltissimo, ma abbastanza) oppure **a few + count. plurale** (he ate a few cookies).
- **del/lo, della/e, dei: some + count. o uncount.** nella forma affermativa (I need some fruit to make a salad) oppure **any + count. o uncount.** nelle forme interrogative e negative (do you have any brothers and sisters? / I don't have any money).
- **molto/i: much/a lot of + uncount.** (I have much/a lot of work), **many/a lot of/lots of + count. plurale** (she has many cats / there were lots of people at the concert) oppure **plenty of + count. o uncount.** (there are plenty of irregular verbs).
- **tutto/a, tutte/i, ogni: all the + uncount.** (I drank all the water), **all (the) + count. plurale** o **every + count. singolare** (all my friends are married / I need to take two tablets every hour).
- **troppo/a, troppi/e: too much + uncount.** (don't put too much sugar in my coffee, please) oppure **too many + count. plurale** (there are too many books to read!).

1 Cerchiate gli errori contenuti in queste frasi.

1. I need any milk.
2. I have little time, only a few minutes.
3. Do you have some change?
4. I need a few chairs.
5. Have you seen anyone you know?
6. He doesn't have some friends.
7. I'd like a little peanuts and a little water.
8. We have plenty of time.
9. The children have had too much sweets.
10. She always has a lots of cash in her bag.

2 Inserite l'avverbio di quantità corretto: some - many - any - a little

1. "With .... help from my friends" is a song by the Beatles.
2. How .... people have you invited?
3. This cake looks delicious. I'd like ....
4. Is there .... news?

CAPITOLO 10: GLI AVVERBI DI QUANTITÀ

Altri avverbi di quantità

- **tutto/a, tutte/i, intero/a, interi/e: all the** + count. o uncount. singolare o plurale o **a/the whole** + count. singolare (I ate all the sweets / I ate all the cake / I ate the whole cake).
- **entrambi/e, i/le due, sia... sia/che: both** oppure **the two**. **Both** si usa se i due elementi condividono le stesse caratteristiche, **the two** quando gli elementi non hanno rapporti tra loro (the two sisters are very different / both sisters speak Chinese).
- **parecchi/e: several** + count. plurale (many people have several cars nowadays).
- **abbastanza: enough**. Se usato come **aggettivo**, si colloca davanti al sostantivo (there is not enough water / there are not enough chairs). Se usato come **avverbio**, si colloca dopo l'aggettivo (this beer is not cold enough).
- **la metà: half (of) the** + uncount. o count. plurale o singolare o (half (of) the information was wrong / half (of) the people interviewed had no opinion).
- **un altro, un'altra: another** + count. (these apples are delicious, I'd like another one).
- **sia... sia/che: either... or** + count. o uncount. (you can have either cheese or cookies).
- **né... né: neither... nor** + count. o uncount. (I'm not very hungry, I want neither cheese nor cookies).

3. Inserite l'avverbio di quantità adeguato: too much, all, enough, a few, no

1. The Police have .... information to catch the killer.
2. There are .... slices of pizza left in the fridge.
3. She watches TV .... the time.
4. The acronym T.M.I. means "................ information".
5. Don't worry. There is .... cause for alarm.

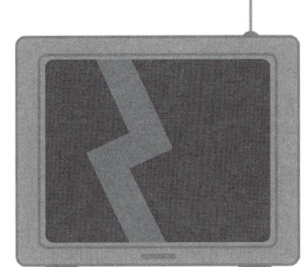

4. Con una freccia collocate gli avverbi di quantità cerchiati in blu nella posizione corretta.

1. We'll never be ready. We don't have (all) time.

2. Would you like (enough) beer?

3. Don't believe (both) the things she says!

4. I can't choose. I like (another) cars.

CAPITOLO 10: GLI AVVERBI DI QUANTITÀ

5 Completate le frasi con i seguenti termini:

many / both / the whole / either... or / every / several / plenty of / half

1. You can have .... cheese .... dessert, not ....
2. I know they have .... children but I can't remember how .... exactly. I think they have three.
3. I was so hungry I ate .... cake and .... of the watermelon all by myself.
4. .... driver should know how to change a wheel.
5. Stay for dinner, I've made .... food!

Numeri e misure

One hundred o **one thousand**? **Fifty** o **fifteen**? Come si pronuncia **1995**? A cosa corrispondono **un miglio**, **una pinta**? I numeri e le misure possono dare del filo da torcere. Gli esercizi che vi proponiamo vi aiuteranno a memorizzarli!

6 Rispondete alle seguenti domande:

1. Scrivete le cifre in lettere:
   a. 30 → thir ....
   b. 13 → thir ....

2. a. 100 → one ....
   b. 1000 → one ....

3. 1956 si dice:
   a. ninety fifty-six
   b. nineteen fifty-six
   c. nineteen fifteen-six

4. Come si dice **30,000**?
   a. thirty
   b. thirty thousands
   c. thirteen thousands
   d. thirty thousand

5. Come si dice **3.5**?
   a. three dot five
   b. three point five
   c. three spot five

6. Come si dice **205** nella frase "there were 205 people in the room"?
   a. two o five
   b. two hundred and five
   c. two hundred five

7. Uno dei due enunciati contiene un errore, trovatelo:
   a. there were two thousands people at the concert
   b. thousands of soldiers were killed in this war

8. Come si dice **7.2%**?
   a. seven point two percent
   b. seven dot two percents
   c. seven point two pourcents

9. Come si dice **2005**?
   a. two thousand and five
   b. two thousand five
   c. twenty thousand five

CAPITOLO 10: GLI AVVERBI DI QUANTITÀ

7 Aggiungete a ciascun numero ordinale la desinenza che forma il suo corrispondente cardinale: th, st, rd, nd, e scrivete tutte le cifre in lettere.

	Italiano	Abbreviazione inglese	Inglese, in lettere
1.	il 1°	the 1......	the ....
2.	il 2°	the 2......	the ....
3.	il 3°	the 3......	the ....
4.	il 12°	the 12......	the ....
5.	il 18°	the 18......	the ....

8 Indicate la risposta corretta:

1. 1 mile corrisponde a...

    a. 1 km
    b. 1,6 km
    c. 160 m
    d. 16 km

2. 1 inch corrisponde a circa...

    a. 2,5 cm
    b. 50 cm
    c. 25 cm
    d. 2,5 m

3. 1 foot corrisponde a circa...

    a. 3,5 cm
    b. 3,5 m
    c. 350 m
    d. 30,5 cm

4. A quanto corrisponde 1 pound?

    a. circa 4,5 kg
    b. circa 450 g
    c. circa 45 g

5. Una pinta rappresenta circa...

    a. 25 cl
    b. 55 cl
    c. 33 cl
    d. 1 l

6. One gallon equivale all'incirca a...

    a. 40 l
    b. 4 l
    c. 40 cl

9 Inserite le lettere mancanti e indicate con una x la risposta corretta.

1. 1/2: one _ _ L _
2. 1/3: one _ H _ _ D
3. 1/4: one Q _ A _ T _ R
4. 1/10: one _ _ N T _

5. Uno su tre (come nella frase "un bambino su tre mangia in mensa"):
    a. one on three
    b. one out of three
    c. one in three

CAPITOLO 10: GLI AVVERBI DI QUANTITÀ

10 Leggete i testi delle vignette e rispondete alle domande.

My phone number is one, o six o, eight nine o, seven o five three and my email address is blue haired john at gmail dot com

1. Scrivete in cifre il numero di telefono di John: ....
2. Scrivete il suo indirizzo email: ....

My phone number is 02 00 22 96 09. My email address is CTboy@hotmail.com

3. Scrivete il numero di telefono di Tom così come si pronuncia nel parlato:

....

4. Scrivete il suo indirizzo email così come si pronuncia nel parlato:

....

11 Riordinando le lettere in maiuscolo otterrete la traduzione dei termini italiani:

1.	una volta	EONC	
2.	due volte	IETWC	
3.	tre volte	THREE SEMIT	
4.	cinque volte	VIEF ITSME	
5.	venti volte	WTETYN MESTI	

CAPITOLO 10: GLI AVVERBI DI QUANTITÀ

La lettera u e il suono [u]

La **u** si pronuncia **[a]** chiusa (duck); **[u]** put; **[ə]** (suono breve e poco distinto: focus); **[iu]** (unite). Il gruppo **ur** si pronuncia **[iuª]**, la r finale si pronuncia come una **a** breve aspirata, (pure); **[ə]** (suono breve e poco distinto: Arthur, surface).

12 Collocate i termini qui sotto a seconda della pronuncia della u.

bull   universal   urban   SECURE   jury   urge   nut   virus   bury   unique   figure   luck   immature   cure   full   bonus   university   OCCUR   summer   sun

La lettera **u** si pronuncia come in:

1. put **[u:]** .... bull, full
2. duck **[a]** .... luck, nut, summer, sun
3. unite **[iu]** .... universal, university, unique, virus
4. focus **[ə]** .... bonus, figure

ur si pronuncia come in:

5. Arthur **[ə]** .... urban, urge, occur
6. pure **[iuª]** .... SECURE, immature, cure, jury

Una parola ha una pronuncia a sé:

7. .... bury

13 Cerchiate le parole in cui la u è muta.

biscuit   useful   fortunate   January   guess   universal   build   luggage   buy   guardian

Bravi avete appena concluso il capitolo 10! Contate le icone e riportate il risultato a pagina 128 per la valutazione finale.

61

Il comparativo e il superlativo

Il comparativo (più... di, meno di...)

Esistono quattro tipi di comparativi:

- **Il comparativo di maggioranza (più... di): more** + aggettivo lungo + **than** (this film was more interesting than I thought); aggettivo corto + **-er** + **than** (this exercise is easier than the previous one).

- **Il comparativo di minoranza (meno... di): less** + aggettivo lungo + **than** (my car is less expensive than yours); **not so/not as** + aggettivo corto o lungo + **as** (your car is not as cheap as mine).

- **Il comparativo di uguaglianza (tanto... quanto): as** + aggettivo lungo o corto + **as** (Amy is as pretty/talkative as her sister).

- **Il comparativo doppio**, che serve a esprimere:
  - **sempre più, more and more** + aggettivo lungo (petrol is more and more expensive) oppure aggettivo corto + **-er** + **and** + aggettivo corto + **-er** (computers are cheaper and cheaper).
  - **sempre meno, less and less** + aggettivo corto o lungo (he is less and less shy/careful).

Nota: sono considerati corti gli aggettivi monosillabici e bisillabici che terminano in **le**, **y**, **er**, **ow** (nice, kind, shy, narrow, noisy, clever, noble). Tra questi, quelli che terminano con una consonante preceduta da vocale, raddoppiano la consonante: **big → bigger**; quelli che terminano in **y** modificano la **y** in **i** e aggiungono -er: **happy → happier**; quelli che terminano in **e** aggiungono solo -r: **nice → nicer**.

Ricordate: alcuni aggettivi formano il comparativo di maggioranza in modo irregolare. I due principali aggettivi irregolari sono **well/good (better)** e **bad (worse)**.

---

1 Mettete l'aggettivo al comparativo, se necessario aggiungete than/as.

1. You're driving too fast, you should be .... **(+ careful)**
2. This concert was .... the one we went to last year. **(– spectacular)**
3. My computer is .... yours. **(+ old)**
4. The problem is not .... it seems. **(= serious)**
5. Statistics show that it's .... to travel by plane than by car. **(– dangerous)**

CAPITOLO 11: IL COMPARATIVO E IL SUPERLATIVO

2 Formate il comparativo doppio.

1. He has put on a lot of weight. He looks ....
(**sempre più; big**)

2. He no longer likes his job. He is ....
(**sempre meno; motivated**)

3. I am .... I really need a holiday.
(**sempre più; tired**)

4. Things are improving. They are getting ....
(**sempre...; good**)

Il superlativo relativo (il più..., il meno...)

Il **superlativo relativo** si usa quando si fa un paragone tra una cosa o una persona e il resto del gruppo.

Esistono due forme di superlativo:

- Il grado di maggioranza si forma con **the** + aggettivo corto + **-est** (this is the nicest restaurant in town) oppure con **the most** + aggettivo lungo (he is the most annoying person I've ever met).

- Il grado di minoranza si forma con **the least** + aggettivo corto o lungo (this is the least interesting/long article I've ever read).

Nota: alcuni aggettivi sono irregolari, tra cui **well/good → the best** e **bad → the worst**.

3 Inserite l'aggettivo al grado superlativo

1. Don't go there, it's the .... pub in all Dublin. (**bad**)

2. This film was not a success. In fact, it was the .... of all. (**successful**)

3. Mr Burns is the .... man in Springfield. (**rich**)

4. You never know what she's thinking. She is the .... woman I know. (**mysterious**)

5. My stay in Venice was wonderful. It was the .... time of my life. (**happy**)

CAPITOLO 11: IL COMPARATIVO E IL SUPERLATIVO

4 Riordinate gli elementi che compongono la traduzione delle frasi tra parentesi.

1. ambitious/he/know/is/least/the/man/I.
   (È l'uomo meno ambizioso che io conosca)
   → ....

2. up/earlier/I/wake/earlier/and.
   (Mi sveglio sempre più presto)
   → ....

3. world/snake/most/this/in/dangerous/the/is/the.
   (È il serpente più pericoloso al mondo)
   → ....

4. refined/as/sparkling/not/wine/is/as/champagne
   (Lo spumante non è tanto raffinato quanto lo champagne)
   → ....

Proverbi

Conoscete gli equivalenti inglesi dei proverbi "ogni morte di papa", "cieco come una talpa"? Non vi metterete a cercare i termini "cieco" e "talpa" nel dizionario... vero?! Approfittate piuttosto dei prossimi esercizi per imparare qualche proverbio e ricordate: le espressioni idiomatiche non sono traducibili parola per parola, ma hanno quasi sempre un'equivalente nell'altra lingua...

5 Separate le parole che formano alcuni noti proverbi e riportateli nella terza colonna come nell'esempio.

	Indizio visivo	Parole da separare + traduzione	Proverbio inglese
Es.	DAY DAY	day/in/day/out = giorno dopo giorno	day in, day out
1.	once	onceinabluemoon = ogni morte di papa	
2.		asblindasabat = cieco come una talpa	
3.		letthecatoutofthebag = svuotare il sacco	
4.		sixfeetunder = (essere) morto e sepolto	

CAPITOLO 11: IL COMPARATIVO E IL SUPERLATIVO

Aggettivi e verbi comuni

Conoscete gli aggettivi e i verbi più comuni in inglese? Vi capita di esitare dopo "I am…" o, peggio ancora, dopo "I…"? Se presentate questo sintomo, la diagnosi è chiara: non conoscete ancora abbastanza aggettivi o verbi! Il rimedio è semplice: svolgere i seguenti esercizi.

6 Scrivete a lato di ciascuna definizione l'aggettivo corrispondente.

funny - angry - handsome - beautiful - proud - cheerful

1. Causing laughter → ....
2. Having excessive self-esteem → ....
3. Good-looking (for a man) → ....
4. Good-looking (for a woman) → ....
5. Happy, enthusiastic → ....
6. Furious, irritated → ....

7 Separate le parole e riscrivetele secondo lo stesso ordine degli equivalenti italiani.

dispiaciuto - egoista - noioso - pigro - generoso

sorryboringgenerouslazyselfish

→ ....

8 Riordinate le lettere che traducono i seguenti aggettivi.

1. timido: **YSH** ....
2. solo **ELONYL** ....
3. calmo: **TIQUE** ....
4. gentile: **DINK** ....
5. maleducato: **DURE** ....
6. loquace: **TIVEAKLAT** ....

9 Cosa significano questi aggettivi? Cerchiate la risposta corretta.

1. **easy-going**
   a. praticabile (strada)
   b. che va bene (di un evento)
   c. accomodante (tranquillo)

2. **disappointed**
   a. deconcentrato
   b. deluso
   c. destabilizzato

3. **moody**
   a. lunatico
   b. stanco
   c. mutevole

4. **clumsy**
   a. nuvoloso
   b. rumoroso
   c. maldestro

5. **careless**
   a. prudente
   b. negligente
   c. attento

6. **understanding**
   a. complice
   b. comprensibile
   c. comprensivo

CAPITOLO 11: IL COMPARATIVO E IL SUPERLATIVO

10 Completate le frasi con i seguenti verbi.

hope, agree, forgive, believe, need, wait, understand

1. I'm so sorry. Please, ... me.
2. The train was late. I had to .... for one hour.
3. I .... help. Could you give me a hand?
4. I .... it won't rain this afternoon. We're going for a walk.
5. Do you .... in God?
6. I don't .... what you mean. Could you be more specific?
7. I usually .... with you, but this time I think you are wrong.

11 Riordinate le lettere che compongono la traduzione dei seguenti verbi.

1. fidarsi: to **USRTT** ....
2. chiedersi: to **REDNOW** ....
3. dimenticare: to **TEGFOR** ....
4. mostrare: to **HSOW** ....

Le lettere s o ss

La **s** o il gruppo **ss** si possono pronunciare: **[s]** sorda come in *sale* (base, assess); **[z]** sonora come in *presente* (desert); **[j]** come la seconda g di *garage* (leisure); **[sc]** come in *scialle* (sugar, pressure).

12 Barrate la risposta corretta.

1. In quale parola la **s** si pronuncia come in **base**?
   ☐ case ☐ because ☐ closure ☐ sugar

2. In quale parola la **s** si pronuncia come le prime due **s** in **po**s**se**ss?
   ☐ crisis ☐ Asia ☐ desert ☐ basic

3. In quale parola la **s** si pronuncia come in **leisure**?
   ☐ pause ☐ crusade ☐ comparison ☐ measure

13 Cerchiate la risposta corretta.

1. **Trovate l'intruso:**
   a. disappear   d. precisely
   b. release   e. fatalism
   c. asylum

2. L'aggettivo **close (to)** fa rima con:
   a. cross
   b. nose

CAPITOLO 11: IL COMPARATIVO E IL SUPERLATIVO

Il suono th

Il famoso **th** inglese! Si pronuncia in due modi: quando il **th** è sordo, si pronuncia soffiando con la lingua tra i denti anteriori (think, method), spesso noi italiani tendiamo a pronunciarlo **[t]**. Quando il **th** è sonoro, la lingua va tenuta dietro i denti anteriori (there, this), spesso noi italiani tendiamo a pronunciarlo **[d]**.

14. Inserite i seguenti termini nella colonna di sinistra in modo da formare delle coppie di parole. Riportatene la traduzione nella colonna di destra.

although   **cantare**   **sick**   **affondare**

with   **chiusura**   **con**   **MALATO**

(to) think   **capo**   **(to) sing**   **both**

	Coppie di parole		Traduzioni	
1.	(to) sink			pensare
2.	also		anche	benché
3.	(to) whizz		sfrecciare	
4.		thing		cosa
5.		thick		spesso (agg.)
6.	boss			entrambi
7.	closing	(a piece of) clothing		abiti

Bravi, avete appena concluso il capitolo 11! Contate le icone e riportate il risultato a pagina 128 per la valutazione finale.

I pronomi personali e riflessivi

I pronomi personali

- **I pronomi personali**

  - **I pronomi personali soggetto** (io, tu, egli/lui, ecc.) sono: **I, you, he, she, it, we, you, they** (they live in Prague / I was born in 1965). Attenzione: **it** si usa come pronome neutro per riferirsi a cose, animali, piante, tempo cronologico, condizioni meteorologiche, temperatura, date e concetti astratti (kill that spider, it's scary!).

  - **I pronomi personali complemento** (me, te, lui, ecc.) sono: **me, you, him, her, it, us, you, them** (I love this actor → I love him / I told Liam and Sean to come at 5 → I told them to come at 5).

- **I possessivi**

  - **Gli aggettivi possessivi** (mio, tuo, suo, ecc.) sono: **my, your, his, her, its, our, your, their** (we bought our house in 1998 / Anna must pick up her sister at the station). I possessivi accompagnano sempre i termini indicanti le parti del corpo (mi sono tagliata un dito → I cut my finger).

  - **I pronomi possessivi** (il mio, il tuo, il suo, ecc.) sono: **mine, yours, his, hers, Ø, ours, yours, theirs** (whose coat is this? It's not mine).

---

1 Completate le frasi con il pronome personale, l'aggettivo o il pronome possessivo corretto.

1. You and I are French. → .... are French.
2. She broke .... leg while skiing.
3. He went with Jane. → he went with ....
4. It's Sarah's laptop. → it's ....
5. I had lunch with Clara and Peter. → I had lunch with ....
6. You look different, did you cut .... hair?
7. Paul is coming with you and me. → Paul is coming with ....
8. That cat does not like milk, I give .... water only.
9. It's my car. → it's ....

CAPITOLO 12: I PRONOMI PERSONALI E RIFLESSIVI

I pronomi riflessivi

- **I pronomi riflessivi** sono **myself, yourself, himself, herself, ourselves, yourselves, themselves**. Servono a tradurre le particelle mi, ti, si, ecc. nei verbi pronominali o riflessivi (he looked at himself in the mirror), oppure i costrutti io stesso, tu stesso, ecc. / me stesso, tu stesso, ecc. (I did this cake myself).

- **I pronomi reciproci** (l'un l'altro) sono **one another** e **each other**. Come in italiano, si usano quando due o più elementi fanno la stessa cosa o compiono un'azione reciproca. Si usa **one another** se gli elementi sono più di due (the four men joked with one another) e **each other** se gli elementi sono due (the two sisters love each other).

- **Verbo riflessivo?** Molti verbi che in italiano sono pronominali, non lo sono in inglese: **to hide**, nascondersi, **to fight,** battersi, **to feel**, sentirsi, **to hurry**, affrettarsi, **to complain**, lamentarsi, **to remember**, ricordarsi, **to relax**, rilassarsi, **to wonder**, chiedersi, **to worry**, preoccuparsi.

2 Cerchiate la risposta corretta.

1. I'm very tired, I can't concentrate .... **(myself / Ø)**
2. They're going to wash .... **(themselves / Ø)**
3. I need .... **(to dress / to dress myself / to get dressed)**
4. She doesn't .... good. **(feel herself / feel)**
5. You should .... **(relax / relax yourself)**
6. They often argue .... **(with each other / themselves / Ø)**

3 Inserite il pronome riflessivo corretto.

1. He blames .... for the accident.
2. Their five children help .... a lot.
3. The two ladies looked at .... but didn't say a word.
4. I was sad to hear that she was depressed and killed ....
5. (a tavola: serviti) → Help ....

CAPITOLO 12: I PRONOMI PERSONALI E RIFLESSIVI

4 Ricostruite le seguenti frasi.

1. Ivan and Patrick had a fight and barely talk to
2. We're late, hurry
3. He looked at
4. You don't need my help, you can do it
5. Her mother worries
6. She introduced
7. The baby

a. up!
b. fell asleep.
c. a lot.
d. each other.
e. himself in the mirror.
f. yourself!
g. herself.

La data e l'ora

Vi vengono i sudori freddi all'idea di dire l'ora o la data in inglese? Non preoccupatevi: gli esercizi che vi proponiamo in queste pagine vi serviranno da ripasso. Cominciamo lentamente rivedendo i giorni della settimana e i mesi dell'anno.

5 Inserite le lettere mancanti o riordinate le lettere che compongono i giorni della settimana e i mesi dell'anno.

Lunedì → M _ _ DAY

Martedì → _ U _ _ DAY

Mercoledì → _ _ D N _ _ DAY

Giovedì → T _ U _ _ DAY

Venerdì → _ _ _ DAY

Sabato → S _ T _ _ DAY

Domenica → _ _ NDAY

Gennaio: **YJAUNRA**
→ ....

Febbraio: **UARRYEFB**
→ ....

Marzo: **AHMCR**
→ ....

Aprile: **IPALR**
→ ....

Maggio: **YAM**
→ ....

Giugno: **UJEN**
→ ....

Luglio: **YJUL**
→ ....

Agosto: **GTSUUA**
→ ....

Settembre: **MESTBREEP**
→ ....

Ottobre: **BOTCREO**
→ ....

Novembre: **VEMOREBN**
→ ....

Dicembre: **MDREEBEC**
→ ....

CAPITOLO 12: I PRONOMI PERSONALI E RIFLESSIVI

6 Cerchiate le risposte corrette riferendovi alla traduzione tra parentesi.

1. Lunedì vado in piscina (= questo lunedì)
   I'm going to the swimming pool (**Monday** - **on Monday** - **on Mondays**)

2. Il lunedì vado in piscina (= tutti i lunedì)
   I go to the swimming pool (**Monday** - **on Monday** - **on Mondays**)

3. Sarò assente dall'ufficio dal 4 all'11
   I will be away from the office (**by** - **from**) the 4th (**to** - **still** - **until**) the 11th

4. Parto il 3 maggio, di mattina
   I'm leaving (**on** - **Ø**) the 3rd (**of** - **in**) May, (**Ø** - **in** - **on**) the morning

5. Oggi è il 25 aprile (parlando) → Today's...
   ☐ a. Tuesday, the twenty-fifth of April
   ☐ b. Tuesday, April the twenty-fifth

7 Osservate la carta d'identità e completate le frasi cerchiando il termine appropriato tra quelli elencati tra parentesi.*

PASSPORT
PASSAPORTO

Surname: **GREY**
Name: **Robert**
Address: **1300 East California Boulevard
Pasadena
California
USA**
Date of birth: **09/25/1965***
Expiration date: **03/12/2015**

R<CALGREY<<ROBERT<<<<<<<<<<<<<<<<<<<<<<<<<<
05HJ46546455466CAL146514165145614613M468464436<<<<<<<<<

1. Robert Grey was born (**on** - **in** - **at**) 1965.

2. He was born (**on** - **in** - **at**) September.

3. He was born (**in** - **on**) the .... (**st** - **nd** - **rd** - **th**) (**of** - **in**) September.

4. His passport expires (**in** - **on**) the .... (**st** - **nd** - **rd** - **th**) (**of** - **in**) ...., in 2015.

Attenzione: negli USA il formato della data è diverso, ovvero si indica per primo il mese, seguito dal giorno. Quindi 09/25/1965 si leggerà 25 settembre 1965.

CAPITOLO 12: I PRONOMI PERSONALI E RIFLESSIVI

8 Rispondete alle seguenti domande.

1. Cerchiate la risposta corretta tra quelle indicate tra parentesi:
   Si utilizza **(am - pm)** per indicare le ore del giorno dal mattino fino a mezzogiorno, e **(am - pm)** per indicare le ore da mezzogiorno a mezzanotte.

2. Come si dice **19.00** in inglese?
   - ☐ **a.** nineteen o'clock
   - ☐ **b.** nineteen hours
   - ☐ **c.** seven am
   - ☐ **d.** seven pm

3. Scrivete in lettere le ore indicate dall'orologio (a. b. c.). Barrate la risposta corretta (d. e.)

a. What time do you get up? I get up at
→ ....
o ....

b. What time do you have lunch? I have lunch at
→ ....

c. What time do you go to bed? I go to bed at
→ ....

d. I have a meeting at 9:15 am

- **a.** I'm early
- **b.** I'm on time
- **c.** I'm late

e. I'm going to see a film. It starts at 3 pm

- **a.** I'm late
- **b.** I'm just in time
- **c.** I'm early

La lettera h

A differenza dell'italiano, in inglese l'**h** è spesso aspirata, in particolare se a inizio di parola. Vi è dunque una differenza di pronuncia tra **at** e **hat**, **ear** e **hear**, **old** e **hold**, e occorre farla sentire bene! Quando l'**h** si trova all'interno di una parola è muta e generalmente non si pronuncia (vehicle). Quando fa parte dei gruppi consonantici **ch**, **gh**, **rh**, **sh**, **th**, **ph** conferisce loro valori fonetici propri, ma se l'**h** è la prima lettera del secondo elemento di una parola composta, si pronuncia aspirata (physics ≠ tophat). Ma esistono sempre delle eccezioni...

CAPITOLO 12: I PRONOMI PERSONALI E RIFLESSIVI

9 Inserite le seguenti parole nella colonna corrispondente.

hour   hospital   hit   THYME   heir   hate   shepherd   hilarious   hill   honour   honesty   hair   hero   BEHIND   Thailand   house

H aspirata	H muta

10 Cerchiate il termine corretto per formare una frase di senso compiuto.

1. He was so (**angry** - **hungry**) that he slammed the door.
2. He was so (**angry** - **hungry**) that he ate three burgers!
3. You're not allowed to pin posters on the (**wall** - **whole**).
4. I can't go to work today, I'm (**ill** - **hill**).
5. Why not try this cream on your (**harm** - **arm**)? It can do no (**arm** - **harm**).
6. You should not use a dryer. Hot (**air** - **hair**) is not good for your (**air** - **hair**).

Bravi, avete appena completato il capitolo 12! Contate le icone e riportate il risultato a pagina 128 per la valutazione finale.

La proprietà e i nomi composti

La proprietà e il possesso

La proprietà di una persona, cosa o animale si esprime in due modi: con la locuzione **the** + oggetto posseduto + **of** + nome del proprietario, oppure con il genitivo sassone.

- Il genitivo sassone si costruisce aggiungendo **'s** al nome che indica il possessore seguito dalla cosa posseduta ➜ possessore + **'s** + cosa posseduta.

– **Uso:** il genitivo sassone si usa con **i nomi di persona o che indicano una persona** (Peter's friends, the neighbour's wife), **le cose animate come gli animali domestici** (the cat's tail), **i nomi di paesi e città, le istituzioni** (France's history, the company's policy), **i nomi comuni di cose o luoghi monosillabici** (the cup's handle, the shop's director).

– **Casi particolari:** se il possessore è un nome plurale che termina già per **s**, il genitivo sassone si costruirà aggiungendo solamente l'apostrofo **'** (the Johns' house is for sale). I nomi propri o comuni terminanti in **s** e i plurali irregolari che non terminano per **s** aggiungono **'s** (Socrates's philosophy, the crisis's end, women's rights). Se i possessori sono due persone o due animali distinti si usa considerare i due nomi come uno solo (this is John and Tim's sister).

- **The... of...:** costruzione ➜ oggetto posseduto + **of** + possessore

– **Si usa:** unito a una **cosa inanimata** (the time of the meeting) o a un **avverbio di quantità** (I've watched most of the film), per esprimere **la parte di un insieme** (the head of the bed, the last page of the book), quando il **nome del possessore è molto lungo** o è **seguito da un complemento** (the son of the man in the blue shirt). Oggi la costruzione con il genitivo sassone è tuttavia estesa alla maggior parte degli oggetti inanimati (the book's pages).

1 Genitivo sassone o la costruzione the... of...?

1. **(Mr Jones - car)** .... was stolen last week.

2. Look, this is the .... **(wife - the man we met yesterday)**

3. The **(end - film)** .... was very disappointing.

4. **(Helena - husband)** .... is a pilot.

5. Adam, stop pulling the .... ! **(dog - ears)**

6. I have just visited .... **(the Johnsons - new house)**.

CAPITOLO 13: LA PROPRIETÀ E I NOMI COMPOSTI

I nomi composti

Sono numerosi e talvolta li si confonde con le locuzioni che esprimono la proprietà.

– **Formazione.** I nomi composti sono generalmente formati da: due sostantivi separati (a horse race); due termini uniti da un trattino (dining-table); un sostantivo e un verbo (a sunset, a haircut); un sostantivo unito a un verbo + suffisso **-er** (a dishwasher); un verbo e un sostantivo (a pickpocket); un verbo in **-ing** e un sostantivo (a dining room); un aggettivo e un sostantivo (a gentleman); un aggettivo e un verbo (dry cleaning).

– **Costruzione.** I nomi composti sono formati da due o più termini indipendenti l'uno dall'altro. Il secondo è quello che porta l'informazione principale, mentre il primo serve a specificare il sostantivo cui è unito, proprio come un aggettivo (un'auto da corsa → a race car / una corsa di auto → a car race). È sempre il secondo sostantivo che reca la desinenza del plurale (torte al cioccolato → chocolate cakes).

– **Uso.** Il primo termine serve a qualificare il secondo (a love story), precisandone la natura e la funzione (a leather jacket, a vegetable peeler) e collocandolo nel tempo e nello spazio (an afternoon snack, a kitchen chair). Il secondo termine può anche essere una parte del primo (a table napkin, a car window).

Nota: nei nomi composti le due parole a volte sono unite, principalmente nei termini passati all'uso corrente (armchair, bedroom, birthday), più raramente sono legate da un trattino (mother-in-law, first-class) e a volte sono separate (sleeping pill).

2 Formate i seguenti nomi composti (unite i due termini se dopo i puntini non ci sono spazi vuoti).

Nomi derivanti da box	Nomi derivanti da bag
1. cassetta del pane → ....box	**1.** cartella per la scuola → ....bag
2. salvadanaio → .... box	**2.** borsa della spesa → .... bag
3. ghiacciaia → ....box	**3.** sacco a pelo → .... bag
4. buca delle lettere → ....box	**4.** borsetta → ....bag
5. cassetta degli attrezzi → ....box	**5.** bustina del tè → .... bag

CAPITOLO 13: LA PROPRIETÀ E I NOMI COMPOSTI

3. Inserite i seguenti termini e formate delle parole composte (se vicino ai puntini non ci sono spazi vuoti, la parola va scritta tutta attaccata).

killer - paste - washing - breaker - cloth

1. A machine that is used to wash your clothes is a .... machine.

2. When you have a headache, you can take a pain........................ .

3. A coat that you wear to resist the wind is a wind........................ .

4. A floor................ (or floor-................) is a type of towel, used for cleaning floors.

5. Is to your teeth what shampoo is to your hair: tooth........................ .

4. Ricomponete le parole composte.

1. lavastoviglie .... dish •   • a. stick
2. farfalla.................... butter •   • b. food
3. rossetto .... lip •   • c. fly
4. frutti di mare............... sea •   • d. coat
5. impermeabile .... rain •   • e. washer
6. cocomero................. water •   • f. melon

Tradurre "dire" e "parlare"

To say oppure **to tell**?

- **To say** si usa con il significato di **dire, dichiarare**. In genere non si precisa il destinatario del messaggio, ma il messaggio stesso (he said "I'm fed up with this company, I quit"). Qualora l'interlocutore venga precisato, **to say** dev'essere seguito dalla preposizione **to** (he said to her "we should buy a house"). Ricorre anche nelle locuzioni **to say a word, to say Hello/Goodbye, to say a name/sentence, to say sorry, to say yes/no**.

- **To tell** significa **dire**, nel senso di **informare, raccontare**. **To tell** è generalmente seguito dall'interlocutore senza preposizione (she told me that she was sick). **To tell** è usato senza pronome personale in molte locuzioni, tra cui **to tell the truth, to tell a lie, to tell a story, to tell the time**.

CAPITOLO 13: LA PROPRIETÀ E I NOMI COMPOSTI

5 Riempite gli spazi vuoti con to say o to tell coniugati al tempo adeguato.

1. He looked at me and .... : "mind your own business."

2. I'm going to .... you the story of the Gingerbread Man.

3. He left the room without ....ing a word.

4. Can you .... me the time, please?

5. **Just for fun:** "I want to .... you a terrific story about oral contraception. I asked this girl to sleep with me and she .... : 'no'." (Woody Allen)

to speak o to talk?

- **To speak** significa **parlare**, in riferimento alla **capacità di parola** (she can't speak → she is dumb = è muta) e all'abilità **di parlare una lingua** (I can speak Spanish). Si usa inoltre per chiedere di poter parlare con qualcuno, in particolare **al telefono** (could I speak to Mr Smith, please?).

- **To talk** significa **parlare** in riferimento a uno **scambio informale tra interlocutori** (can I talk to you for a minute?). Lo si usa inoltre quando **parlare** implica l'idea di **conversare** (we need to talk) o quando **si menziona il soggetto della conversazione** (we need to talk about what happened).

6 Completate le frasi con to talk o to speak coniugati al tempo adeguato.

1. Today we're going to .... about irregular verbs.

2. Hello Gemma. Is Mrs Dickinson in? Can I .... to her?

3. We just relaxed and .... for hours.

4. He can't .... today, he sang all night yesterday and lost his voice.

5. She can .... four foreign languages.

CAPITOLO 13: LA PROPRIETÀ E I NOMI COMPOSTI

7 Ricostruite queste frasi:

1. Did he
2. I don't want to
3. He is only 4 years old but he can
4. We need to
5. The President said
6. He didn't

a. to all the journalists: "No comment."
b. speak very well.
c. tell you about his new job?
d. say where he was going.
e. talk right now. Leave me alone.
f. tell you something.

Le lettere mute

In inglese esistono numerose lettere che non si pronunciano. Gli esercizi che vi proponiamo vi aiuteranno a scoprire le più comuni.

8 Rispondete alle seguenti domande.

1. Trovate le parole in cui la **b** non è pronunciata:

lamb, climb, plumber, obtain, bulb, double, comb, inhabitant, hub, cable, doubt, crumble, crumb

2. Con cosa fanno rima i verbi **would** e **should**?

☐ a. wood   ☐ b. mould

3. Trovate le parole in cui la **l** non è pronunciata:

mild, ulterior, title, calf, almond, talk, novel, half, calm, palm, walk, could, island, little, salmon, salt

4. Trovate le parole in cui la **t** non si pronuncia:

5. Cos'hanno in comune queste parole?

know - knee - knot - knife - knight - knit - knock

➜ ....

9 Trovate la lettera muta per ognuno di questi termini (una sola lettera, sempre la stessa).
Es.: wednesday - handkerchief - sandwich ➜ la lettera muta è d

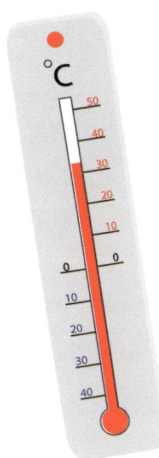

1. sign - gnat - foreign - campaign - benign - resign
   ➜ la lettera muta è ....

2. desperate - difference - interest - literature - temperature
   ➜ la lettera muta è ....

3. cupboard - pneumonia - raspberry - receipt - pseudo - psychology
   ➜ la lettera muta è ....

10 Queste parole contengono tutte una lettera muta (diversa in ogni parola), cerchiatela.

answer   autumn   farm
doubt   leopard   island   grandmother

Bravi, avete appena concluso il capitolo 13. Contate le icone e riportate il risultato a pagina128 per la valutazione finale.

I pronomi relativi e interrogativi

I pronomi relativi

I pronomi relativi (chi, che, ciò/cosa che, dove, in cui, di/ il/la/i cui) sono: **who**, **which**, **that**, **what**, **where**, **when**, **whose**.

- **chi, che**: **who** o **that** si usano con le persone (the man who is sitting there is my brother), **which** o **that** con le cose o gli animali (look at the dog which is over there).

— **that** ricorre nelle locuzioni con gli avverbi di quantità (**tutto ciò che**, it's all that I want) e non può essere usato dopo una preposizione (this is the table on which I left my glasses) né in un inciso (his brother, who lives in Japan, speaks Japanese fluently). Inoltre è meno formale di **which** e si utilizza perlopiù nel parlato. Il suo uso è molto diffuso in inglese americano.

— **who**, **which** o **that** possono essere omessi quando ci si riferisce a un elemento che funge da complemento all'interno della frase (I ate a cake → the cake Ø I ate).

- **ciò, cosa che**: **what** e **which** (she arrived late again, which is not surprising / I don't understand what you mean).

- **dove, in cui**: **where** (it's a restaurant where they cook fish).

- **quando, nel momento in cui**: **when** (this happened at the time when she got married).

- **di cui, il/la/i cui**: **whose** (it's the lady whose son is an actor).

1 Inserite il pronome relativo appropriato: who, which, that, what, where, when o whose?

1. She now lives in Anchorage, ... is the capital city of Alaska.

2. I still remember the day .... I met her. It was 20 years ago.

3. All .... I can remember about him is that he's called Duncan.

4. Mr Taylor, ... used to be a teacher, is now a computer scientist.

5. The woman .... daughter you saw yesterday, is my sister.

6. Look, these are the shoes .... I bought yesterday.
   Tell me .... you think about them.

7. It's a district .... you will find many Asian shops.

CAPITOLO 14: I PRONOMI RELATIVI E INTERROGATIVI

I pronomi interrogativi

I pronomi interrogativi sono: **who** → chi (who is this woman?), **what** → cosa, quale (what are you doing tonight?), **which** → quale, quali (quando c'è una scelta tra più elementi, which car do you prefer?), **where** → dove (where do you live?), **when** → quando (when were you born?), **why** → perché (why is she crying?), **whose** → di chi (whose phone is this?), **how** → come (how are you?). **How** si usa anche per formulare le domande: **how much/many?** → quanto/i?, **how often?** → con quale frequenza?, ogni quanto?, **how long?** → (da) quanto tempo?, **how tall/high?** → quanto alto?, **how far?** → a che distanza?, **how soon?** → quando?

2 Cerchiate le risposte corrette.

1. **how soon** - **how long** - **when** have you had this car? 10 years?
2. **how much** - **how soon** - **how often** do you go shopping? Once or twice a week?
3. **how soon** - **when** - **how long** can you come and repair my dishwasher?
4. Coffee or tea? **which** - **what** - **who** - **whose** one do you prefer?
5. **Just for fun:** "If there is no God, **whose** - **which** - **who** opens the doors in supermarkets?" (Patrick Murray)

3 Formulate la domanda corrispondente.

1. The laptop is <u>my sister's</u>.
   → .... ?

2. I take my exam on <u>Tuesday</u>.
   → .... ?

3. I went <u>to Spain</u> for the holidays.
   → .... ?

4. I'm not coming <u>because I'm too tired</u>.
   → .... ?

5. They have <u>three</u> children.
   → .... ?

6. The station is not very far from here, <u>about one mile away</u>.
   → .... ?

7. It's <u>25 dollars</u>, Sir.
   → .... ?

CAPITOLO 14: I PRONOMI RELATIVI E INTERROGATIVI

I contrari

Gli studi hanno provato che tendiamo a memorizzare più facilmente le coppie di parole, in particolare le coppie di opposti. Ecco allora un'altra occasione per arricchire il vostro vocabolario! Down to work! (Al lavoro!)

4 Cerchiate le parole di senso opposto.

1. **to begin:** to end - to start - to close - to stay
2. **expensive:** shy - chip - cheap - saving
3. **dangerous:** save - saif - sure - safe
4. **late:** next - hourly - soon - early
5. **empty:** fill - fell - full - fall
6. **to succeed:** to fell - to fail - to fill - to foul
7. **first:** lest - fast - least - last
8. **to forget:** to remember - to remind - to remain
9. **enemy:** frend - friend - alliance - foe

5 Unite ciascuna parola al suo contrario.

1. to love
2. to laugh
3. to start
4. interesting
5. weak
6. dry
7. noisy

a. to cry
b. boring
c. quiet
d. strong
e. to hate
f. wet
g. to finish

6 Scrivete a fianco di ogni aggettivo il suo contrario.

slim - bitter - take - win - hope - old - lend - sad - dirty - far

1. happy → ....
2. give → ....
3. young → ....
4. borrow → ....
5. near → ....
6. sweet → ....
7. clean → ....
8. despair → ....
9. lose → ....
10. fat → ....

CAPITOLO 14: I PRONOMI RELATIVI E INTERROGATIVI

Il vocabolario per il lavoro e i mestieri

Lavoro si traduce **job** o **work**. **Job** si riferisce all'impiego, mentre **work** a un lavoro o una creazione (opera) in generale. **Work** non è numerabile. Per riferirsi a un lavoro o a un'opera nello specifico occorre utilizzare il costrutto **a piece of work**.

7 Completate le frasi con uno dei seguenti termini.

unemployed   retired   **job**   *company*

earn   trade union   wages   FACTORY

1. Most students need to take a .... as a waiter or a cashier to pay for their studies.

2. He worked as a clerk for 20 years but he now runs his own service ....

3. Many workers are .... in this town. This new .... will create hundreds of jobs.

4. The workers in this factory .... good ....

5. A .... is an organization that defends the workers' interests and rights.

6. My neighbour worked as a teacher for 30 years. He is .... now.

8 Riordinate le lettere tra parentesi. Otterrete la traduzione dei termini italiani elencati qui sotto.

1. poliziotto **(EOPICL)**
   → _ _ _ _ _ _ man

2. pompiere **(IREF)**
   → _ _ _ _ man

3. postino **(TOSP)**
   → _ _ _ _ man

4. venditore/commesso **(LASES)**
   → _ _ _ _ _ man

5. pescatore **(RIFHES)**
   → _ _ _ _ _ _ man

CAPITOLO 14: I PRONOMI RELATIVI E INTERROGATIVI

9 Separate le parole e riscrivetele nell'ordine dei loro equivalenti italiani.

1. **dirigente - cuoco - operaio - avvocato - parrucchiere - cameriere**

   cookhairdresserlawyerwaiterexecutiveworker

   → ....

2. **meccanico - segretaria - macellaio - agricoltore - infermiera - tata - insegnante - panettiere - veterinario - idraulico**

   teacherfarmerbutcherbakerplumbernursenannyvetsecretarymechanic

   → ....

10 Unite i termini inglesi alla traduzione italiana corrispondente.

1. Clerk   a. Autista
2. Civil Servant b. Impiegato
3. Engineer   c. Commesso
4. Shop assistant d. Ingegnere
5. Lorry driver e. Funzionario

Gli omofoni

Molte parole, pur scrivendosi diversamente e avendo significati completamente differenti tra loro, **si pronunciano allo stesso modo**. Gli esercizi che seguono vi offriranno l'occasione per imparare alcuni di questi omofoni.

11 La lettera qui sotto contiene alcuni errori. Correggeteli come nell'esempio in rosso.

Deer Mum and Dad,

I had fun at the camp the first weak: we went to the ~~see~~ *sea* and went on a bought. Then we went to a fare. Yesterday I road a horse. But I'm getting board now! Tonight we're having a barbecue, I hope the meet is good. Last night we had to eat leak soup, pees and pairs and you know how much I hate fruit and veggies! See you soon.

Love,
Sam

CAPITOLO 14: I PRONOMI RELATIVI E INTERROGATIVI

12 Trovate gli errori e riscrivete ciascuna frase correttamente.

1. I need a new pear of shoes.

   → ....

2. There is a leek under my sink, I need to call a plumber.

   → ....

3. I need to pea! Where's the bathroom?

   → ....

4. I can't sea a thing without my glasses on.

   → ....

5. Look, I boat a new computer last week.

   → ....

6. It's not unusual to see cows in the middle of the rode in India.

   → ....

7. We often meat at the sushi bar for lunch.

   → ....

8. I still feel very week from the surgery

   → ....

Bravi, avete appena concluso il capitolo 14. Contate le icone e riportate il risultato a pagina 128 per la valutazione finale.

85

15 I prefissi e i suffissi

Prefissi e suffissi

- **Regola generale:** come in italiano, anche in inglese molti vocaboli si formano aggiungendo al sostantivo, verbo o aggettivo una particella, ovvero un prefisso o suffisso. Il suffisso **-(i)ty** unito all'aggettivo serve a formare un sostantivo indicante, in genere, un concetto astratto (excentric + **-ity** → excentricity). Il suffisso **-or** unito al verbo serve a formare un nome concreto che denota una funzione o professione (act + **-or** → actor). I suffissi servono inoltre a formare **nuovi aggettivi** a partire dal sostantivo (boy + **-ish** → boyish / care + **-less** → careless / doubt + **-ful** → doubtful) o nuovi **avverbi** partendo dall'aggettivo (certain + **-ly** → certainly). I prefissi, invece, trasformano, in genere, un aggettivo, sostantivo o verbo nel suo opposto (**un-** + believable → unbelievable; **in-** + capacity → incapacity).

- **Principali prefissi per formare aggettivi e avverbi: under-** → **sotto, in difetto** (underpaid); **over-** → **oltre, in eccesso** (overreact); **mis-** (con un sostantivo o un verbo) → indica l'idea di disfunzione o erroneità (to misunderstand); **self-** → **auto- / di sé** (self-destructive, self-respect); **un-, dis-, il-, im-, in-, ir-** conferiscono un significato negativo e servono a formare il contrario del sostantivo, aggettivo o avverbio cui sono uniti (dishonest, illegal, imperfect, incompetent, unhappy, irrational).

1 Ricavate i vocaboli corrispondenti come nell'esempio.

	termine + significato	traduzione del suo opposto	termine derivato
Es.	**paid** = pagato	sottopagato	underpaid
1.	**real** = real	irreale	
2.	**to agree** = essere d'accordo	essere in disaccordo	
3.	**estimated** = stimato/valutato	sottostimato	
4.	**confident** = fiducioso	presuntuoso/troppo sicuro di sé	
5.	**to pronounce** = pronunciare	storpiare (un nome)	

Suffissi (seguito)

- **Principali suffissi per formare aggettivi e avverbi:** **-able**/**-ible** esprimono l'abilità o la capacità di fare qcs. (breakable, accessible); **-ed** unito al verbo serve a formarne il participio passato (cooked); **-free** indica l'assenza o mancanza di quanto espresso dal sostantivo (sugar-free); **-ful** e **-less** indicano rispettivamente la presenza e l'assenza di quanto espresso dal sostantivo, in genere una qualità (useful/useless); **-ly** e **-y** indicano una qualità, un aspetto, uno stato d'animo o atteggiamento (friendly, sunny, funny). Infine, **-ish** conferisce un significato generico, spesso con valore riduttivo o negativo/dispregiativo (childish, greyish) e **-ing** conferisce all'aggettivo un ruolo attivo (interesting).

- **Principali suffissi per formare sostantivi:** **-(a)tion**, **-ment** servono a indicare un'azione (creation, development); **-dom**, **-hood** e **-ship** indicano una condizione fisica o morale, una posizione o relazione sociale (kingdom, brotherhood, dictatorship); **-er**/**-or** indicano la professione o la funzione di una persona o di un oggetto (player, actor /cooker, calculator); **-ism** indica una corrente di pensiero, un credo o ideale (criticism, socialism); **-ess** serve a formare il femminile di nomi di animali, professioni o titoli nobiliari.

friend**SHIP**   friend*ship*   friend*ship*

2 Ricavate i vocaboli corrispondenti come nell'esempio.

	termine + significato	sostantivo derivato	traduzione
Es.	friend = amico	amicizia	friendship
1.	**to bore** = annoiare	noioso	....
2.	**home** = casa	senzatetto	....
3.	**sad** = triste	tristezza	....
4.	**child** = bambino	infanzia	....
5.	**slow** = lento	lentamente	....
6.	**to wash** = lavare	lavabile	....

CAPITOLO 15: I PREFISSI E I SUFFISSI

3 Aggiungete il prefisso o il suffisso corretto.

1. When you trust yourself too much, you are ....confident.
2. Something that never ends is end............ .
3. When you do not trust someone, you ....trust them.
4. Happi............ is the state of being happy.
5. Free............ is the state of being free.

4 Unite i termini derivati da to use alla traduzione corrispondente.

1. user
2. unused
3. useful
4. misused
5. overused

a. usato in modo sbagliato
b. eccessivamente usato
c. inutilizzato
d. utile
e. utilizzatore

5 Ricavate, passo a passo, i termini corrispondenti, come nell'esempio:

Es.: radice → intention = intenzione
step 1 → intentional = intenzionale, volontario
step 2 → unintentional = non intenzionale, involontario
step 3 → unintentionally = involontariamente

1. **radice:** → **pleasant** = piacevole
   step 1 → .... = spiacevole
   step 2 → .... = spiacevolmente

2. **radice:** → **resource** = risorsa
   step 1 → .... = pieno di risorse, intraprendente
   step 2 → .... = intraprendenza

3. **radice: success** = successo
   step 1 → .... = coronato dal successo
   step 2 → .... = infruttuoso
   step 3 → .... = invano, senza successo

4. **radice: to expect** = aspettarsi qcs.
   step 1 → .... = atteso
   step 2 → .... = inatteso
   step 3 → .... = inaspettatamente

Acronimi

Gli anglosassoni utilizzano moltissimi acronimi, anche per le espressioni quotidiane e di uso comune. Scopritene qualcuno con gli esercizi qui sotto.

6 Trovate il significato dei seguenti acronimi (dal linguaggio corrente). Le indicazioni tra parentesi vi saranno di aiuto.

1. **B.O.**
   - a. Big Organisation
   - b. Body Odour
   - c. Best Offer

2. **B.L.T.**
   (indicazione: il toast inglese)
   - a. Bacon, Lettuce and Tomato
   - b. Bread, Lettuce and Tuna
   - c. Bread, Lettuce and Turkey

3. Baciarsi in pubblico è un esempio di **P.D.A.**, ovvero "Public Display of…"
   - a. Acquaintance
   - b. Affection
   - c. Amorous

4. **A.S.A.P.**
   - a. As Sorry As Pity
   - b. As Soon As Possible
   - c. As Sad As Pie

5. **D.I.Y.**
   - a. Do it Young
   - b. Do It Yesterday
   - c. Do It Yourself

6. **T.G.I.F.**
   - a. Thank God It's Finished
   - b. Thank Goodness It's Friday

7. Cosa indicano le lettere che compongono la sigla **U.F.O.**?
   - a. Unidentified Flying Object
   - b. Unidentified Funky Object

7 Trovate gli acronimi corrispondenti alle definizioni e spiegatene il significato come nell'esempio. (Il contesto da cui sono tratti è la chat online).

Es.: a presto : later/you/see → see you later → SUL

1. **non al PC**: keyboard/from/away → .... → ....

2. **divertente!**: loud/laughing/out → .... → ....

3. **a dopo**: later/you/talk/to → .... → ....

4. **torno subito…**: back/be/right → .... → ....

5. **secondo me…** : opinion/my/in → .... → ....

CAPITOLO 15: I PREFISSI E I SUFFISSI

To see, to watch e to look

Questi tre verbi indicano tutti l'azione di vedere, tuttavia il loro uso è differente, ragione per cui, spesso, si tende a confonderli. Per usarli nel modo corretto, occorre innanzitutto valutare se l'azione di vedere è volontaria o involontaria, rapida o protratta nel tempo.

- **To see** significa **vedere** con una connotazione **passiva**, come in italiano. Lo usiamo per indicare qualcosa che si vede con o senza attenzione (I can't see a thing without my glasses on, did you see that car?).

- **To look at** e **to watch** significano **guardare** con una connotazione **attiva** (portiamo e concentriamo deliberatamente lo sguardo su qualcosa o qualcuno). **To look**, usato in questo senso, è sempre seguito dalla preposizione **at** (non confondetevi con **to look for**, cercare). **To watch** si usa per riferirsi a qualcosa che sta accadendo o si sta muovendo nel momento in cui si parla (they watched the children play).

Nota: si dice **to watch television**.

8 Riempite gli spazi con to watch, to look (at) e to see.

1. I don't want to go out tonight. Let's just stay in and .... a film.
2. Did you .... John at the party?
3. .... Mum, it's snowing!
4. He likes to .... the rain falling. He can do that for hours!
5. Don't .... me like that! You know I'm right!

Omofoni (seguito)

Ricordate: molte parole che si scrivono in maniera diversa o che hanno diverso significato si pronunciano allo stesso modo. Scoprite altri omofoni con i prossimi esercizi.

9 Cerchiate la parola corretta.

1. Would you like another **(piece - peace)** of cake?
2. Don't **(waist - waste)** your money on video games!
3. The love **(scene - seen)** in this film is set in New York.
4. She missed a **(stair - stare)** and broke her leg.
5. Is the glass half empty or half **(fool - full)**?

CAPITOLO 15: I PREFISSI E I SUFFISSI

10 Trovate le coppie di parole omofone e inseritele nelle colonne.

buy — thyme — which — pool — war — knows
witch — bye — pull — their — cereal
collar — urn — would — wood — wore — serial
flu — right — jeans — missed — allowed — time
mist — wait — write — nose — weight
genes — aloud — there — earn — colour — flew

.... - .... | .... - .... | .... - ....
.... - .... | .... - .... | .... - ....
.... - .... | .... - .... | .... - ....
.... - .... | .... - .... | .... - ....
.... - .... | .... - .... | .... - ....
.... - .... | .... - .... | .... - ....

Bravi, avete appena completato il capitolo 15! Contate le icone e riportate il risultato a pagina 128 per la valutazione finale.

16 Gli aggettivi

Gli aggettivi

- **Caratteristiche**: gli aggettivi sono **invariabili**, cioè non si accordano per genere e numero con il sostantivo cui si riferiscono e non prendono la desinenza **-s** del plurale (a red car, red cars). Precedono sempre il nome cui si riferiscono (a blue pen), ma possono seguire il verbo (funzione predicativa) per completarne il significato (this cake is delicious, it smells good). **Nota:** si considerano aggettivi anche tutte le parole di una frase che qualificano il sostantivo principale (a history book). Gli aggettivi di **nazionalità** e di **religione** si scrivono sempre in **maiuscolo** (he is a German musician / this is an Orthodox church).

- **Ordine degli aggettivi**. Quando nella frase si hanno più aggettivi, questi sono collocati secondo il seguente ordine: indefiniti, opinione/qualità, dimensione, età, forma, colore, nazionalità, materia, funzione/scopo + sostantivo (a horrible white German dog / a beautiful black leather armchair). Se più aggettivi appartengono alla stessa categoria, si ordinano dal più breve al più lungo (a long, enormous car).

1 Riordinate i vocaboli e formate una frase di senso compiuto.

1. plastic/phone/ugly/red/a(n)
   → ....

2. sweater/blue/cotton/old/horrible/a(n)
   → ....

3. tall/German/nice/a/lady
   → ....

4. Canadian/novel/exciting/long/a(n)
   → ....

Casi particolari

- Poiché **alcuni aggettivi non possono mai essere preposti al sostantivo**, occorre sostituirli con altri aventi lo stesso significato: alone, sostituito con single (a single man); afraid, sostituito per esempio con frightened (a frightened man); alive, sostituito con living (a living man); well, sostituito con healthy (a healthy man); ill, sostituito con sick (a sick man); glad, sostituito con happy (a happy man). Per gli aggettivi terminanti in **-able** e **-ible** si può ricorrere alla formulazione something imaginable, something possible.

- **Se l'aggettivo è seguito da un complemento questo andrà posizionato dopo il sostantivo** (a man interested in poetry).

CAPITOLO 16: GLI AGGETTIVI

2 Barrate le risposte corrette.

1. I slept in a ... bed.
   - ☐ a. soft, cozy, and comfortable
   - ☐ b. comfortable, cozy, and soft
   - ☐ c. comfortable, soft, and cozy

2. I bought a(n) ... box at the market.
   - ☐ a. beautiful, ancient, oval, brown, Indian, wooden
   - ☐ b. brown, Indian, ancient, oval, beautiful, wooden

3. A man who is not dead is...
   - ☐ a. an alive man
   - ☐ b. alive
   - ☐ c. a living man

4. A man who is not married is...
   - ☐ a. an alone man
   - ☐ b. a single man
   - ☐ c. single
   - ☐ d. a bachelor

5. A man who is not well is...
   - ☐ a. sick
   - ☐ b. a sick man
   - ☐ c. an ill man
   - ☐ d. ill

3 In questo testo sono presenti alcuni errori: individuateli e riportate le frasi corrette nella colonna di destra.

My friend Enzo is a passionate man about cars. He likes ancients cars more particularly. Last month, he bought this racing, orange, new, wonderful car. I think it's an italian car. He said he wanted a red one but had taken it because orange was the only available colour. He looks a bit eccentric in a car this colour. Enzo is spanish. Last week he went back to Spain to celebrate a catholic holiday with his family and suggested that I go with him, so I did. He is a driver fast and I must say I was afraid to go with him in a sports car but I enjoyed it!

CAPITOLO 16: GLI AGGETTIVI

Gli aggettivi composti

Sono aggettivi che si formano unendo tra loro alcuni elementi. Per capire il loro significato occorre procedere dall'ultimo al primo elemento che compone l'aggettivo (a broad-shouldered man ➜ un uomo dalle spalle larghe).

Gli aggettivi composti si formano in cinque modi principali:

1. Il 2° elemento è un aggettivo che porta l'informazione principale: nome/aggettivo + aggettivo (sea-blue eyes, light blue water).

2. Il 1° elemento è un aggettivo, il 2° è un sostantivo + **ed**: indica che il nome **possiede quella caratteristica** (a blue-eyed boy).

3. Il 2° elemento è un participio passato, in questo caso il composto assume una connotazione passiva: nome/aggettivo + participio passato (a handmade object, a big-boned woman).

4. Il 2° elemento è un verbo + **ing**, il composto assume una connotazione attiva: nome/aggettivo + verbo all'-**ing** form (a time-consuming activity, an English-speaking guide).

5. Il 2° elemento è un numero unito a un nome: in questa caso il nome, in quanto aggettivato, resta invariabile (a five-hundred-page book).

4 Scegliete la traduzione corretta:

1. di larghe vedute:
- a. open-minded
- b. mind-opened
- c. open-minding

2. destro:
- a. right-handing
- b. right-handed
- c. hand-righted

3. senza grassi:
- a. free-fat
- b. fat-freed
- c. fat-free

4. a maniche lunghe:
- a. sleeved-long
- b. long-sleeved
- c. long-sleeving

5. di lunga durata:
- a. long-lasting
- b. long-lasted
- c. last-longing

5 Unite ciascun aggettivo composto alla definizione corrispondente.

1. short-lived
2. part-time
3. second-hand
4. easy-going
5. brand-new

- a. nuovo di zecca
- b. tranquillo
- c. di seconda mano
- d. effimero
- e. a tempo parziale

6 Ricomponete gli aggettivi.

1. well
2. good
3. hard
4. middle
5. long

- a. looking
- b. aged
- c. paid
- d. working
- e. haired

CAPITOLO 16: GLI AGGETTIVI

7 Inserite la definizione corretta.

1. A pizza which is made at home, by yourself, is a .... pizza.
2. A woman with green eyes is a .... - .... woman.
3. A soap that smells sweet is a .... - .... soap.
4. A boy who is 14 is a .... - .... - .... boy.

Il vocabolario della natura, del tempo e degli animali

Piccolo promemoria: la natura si traduce **nature** (senza l'articolo **the**, perché come ricordate…), talvolta, però, si utilizza il termine **the wild**, come nell'espressione **the call of the wild** (= il richiamo della natura), nel senso di selvaggio, incontaminato, primordiale. **Che tempo fa?** si traduce **what's the weather like?** Infine, per gli animali domestici si usa il termine **pets**.

8 Riportate la traduzione inglese o italiana dei seguenti termini.

Italiano		inverno	cielo	luna		
Inglese	summer				star	sea
Italiano	onda	spiaggia	campagna	erba		lago
Inglese					island	
Italiano		montagna	albero	fiore		
Inglese	leaf				wood	spring

9 Completate le seguenti traduzioni.

1. meteo: **WE _ _ _ ER**
2. pioggia: **R _ _ N**
3. nuvola: **_ _ _ UD**
4. sole: **_ _ N**
5. neve: **SN _ _**
6. vento: **W _ _ D**
7. nebbia: **F _ _**
8. caldo: **H _ _**
9. freddo: **C _ _ D**

CAPITOLO 16: GLI AGGETTIVI

10 What's the weather like... Cerchiate le risposte corrette.

1. ... in London?	2. ... in Rome?	3. ... in New York?	4. ... in Paris?
☐ a. it's clouding	☐ a. it's sunning	☐ a. it's windy	☐ a. it's raining
☐ b. it's cloudy	☐ b. it's sunny	☐ b. it's winding	☐ b. it's rainy

11 Riordinate le lettere che compongono la traduzione dei seguenti animali.

1. cane	OGD	8. mucca	OWC
2. gatto	TAC	9. capra	TOGA
3. cavallo	ESOHR	10. anatra	CUDK
4. asino	NYODEK	11. scimmia	YOMENK
5. coniglio	TIRABB	12. topo	SOUME
6. pecora	PESEH	13. uccello	RIBD
7. maiale	GIP	14. pesce	IFHS

Errori frequenti di pronuncia

Gli italiani tendono a commettere alcuni tipici errori di pronuncia. Siete in grado di svolgere gli esercizi che seguono senza farne nessuno?

CAPITOLO 16: GLI AGGETTIVI

 Inserite le parole che fanno rima con quelle proposte qui di seguito.

1. **sweet** fa rima con: **seat - eat - bet**
2. **sweat** fa rima con: **feet - great - wet**
   → Sorry I'm covered in ...., I have been running.
   Thank you for your gift. How .... of you!

3. **shout** fa rima con: **boot - about - fought**
4. **shoot** fa rima con: **doubt - not - foot**
   → Don't .... like that! I'm not deaf!
   I have never tried ....ing a gun.

5. **bird** fa rima con: **heard - eared - weird**
6. **beard** fa rima con: **feared - aired - fired**
   → Peter has grown a ....
   The children wanted a .... We got them a canary.

7. **beer** fa rima con: **dear - wear**
8. **bear** fa rima con: **swear - fear**
   → Winnie the Pooh is a cartoon ....
   Guinness is a brand of ....

 Cerchiate le risposte corrette.

1. **aren't** si pronuncia come…
   aunt - ant - hunt
2. **answer** fa rima con…
   officer - swear
3. il suono **[oz]** di **because** fa rima con…
   nose - was - laws
4. **enough** non fa rima con…
   dough - Doug - laugh

5. **famous** fa rima con…
   moose - virus - goose - us
6. **says** fa rima con…
   fez - plays - stays
7. **said** fa rima con…
   paid - afraid - bed
8. **young** fa rima con…
   among - sung - tongue

Bravi, avete appena concluso il capitolo 16! Contate le icone e riportate il risultato a pagina 128 per la valutazione finale.

Gli avverbi

Gli avverbi

- **Formazione**

Gli avverbi servono a modificare o a precisare il significato del verbo o dell'aggettivo cui si riferiscono (he drives a **very** old car, he drives **well**). Rispondono alle domande **dove?**, **quando?**, **come?**, **perché?**. Numerosi avverbi si formano aggiungendo il suffisso **-ly** all'aggettivo (slowly, nicely, precisely, ecc.); altri invece hanno una **forma fissa** (always, well, before, ecc.).

- **Gli avverbi si classificano in:**

intensificatori/rinforzatori (really, very, completely, absolutely, so, well…); **attenuatori** (almost, nearly…); **avverbi di modo** (slowly, quietly…); **di luogo** (here, there…); **di frequenza** (every day, often…); **di tempo** (before, now, early, first…); **di scopo** (to, so as to…).

❶ Le parole che terminano in -ly non sono sempre avverbi, possono anche essere aggettivi. Cerchiate gli avverbi tra le parole elencate qui sotto.

1. lovely   nicely   simply   freely
2. directly   easily   silly   softly
3. angrily   friendly   happily   loudly
4. shyly   oddly   generally   lively
5. LONELY   CAREFULLY   HIGHLY   PERFECTLY
6. quietly   needy   suddenly   quickly
7. wrongly   dangerously   gladly   costly
8. cowardly   fortunately   rapidly   clearly

CAPITOLO 17: GLI AVVERBI

La posizione degli avverbi

Gli avverbi si posizionano:

- dopo l'ausiliare (I have always liked horror movies);
- prima o dopo **to be** (I am relieved now / I am now relieved);
- a inizio frase se si tratta di **avverbi di modo** (perhaps, maybe, ecc.) o di **avverbi di opinione** (frankly, honestly, personally, ecc.);
- a inizio o fine frase se si tratta di **avverbi di tempo definito** (yesterday, tomorrow, ecc.) o di avverbi **di luogo** (outside, ecc.);
- al centro (prima del verbo) nel caso di **avverbi di frequenza non definita** (always, often, usually, never, ecc.) e degli avverbi **almost**, **certainly**, **hardly**, **nearly**, **probably**, **simply** (I've always hated coffee / he has almost died);
- dopo il verbo e il suo complemento se sono **avverbi di modo** (take it off slowly);
- generalmente al fondo della frase se si tratta di **avverbi di tempo**, **luogo** e **modo** come weekly, badly, well, either, too, as well, enormously, a little, a lot, much, ecc. (he runs daily / he runs a lot).

2 Con una freccia ricollocate gli avverbi cerchiati in blu nella posizione corretta all'interno della frase.

1. I go (rarely) to the cinema.
2. Do you go shopping (often)?
3. Have (ever) you been to Japan?
4. I didn't understand (well) the lesson.
5. They (daily) watch the news.
6. She has (always) a sandwich for lunch.

3 Riordinate gli elementi e formate delle frasi di senso compiuto.

1. runs/work/regularly/he/after ➜ ....
2. to work/on foot/go/I/usually ➜ ....
3. the race/will/he/win/probably ➜ ....
4. much/she/tea/like/doesn't ➜ ....
5. soon/I/you/hope/to see/sincerely ➜ ....
6. should/perhaps/drive/more/you/carefully ➜ ....

CAPITOLO 17: GLI AVVERBI

4. Riformulate le frasi inserendo l'avverbio tra parentesi.

1. I go on beach holidays **(ALWAYS)**
   → ....

2. Paul turned down the invitation **(POLITELY)**
   → ....

3. They go out **(OFTEN)**
   → ....

4. I don't think he will win. **(FRANKLY)**
   → ....

5. He is not wrong. **(ENTIRELY)**
   → ....

6. Do you go to the opera? **(SOMETIMES)**
   → ....

Le congiunzioni

- Servono a stabilire un legame logico tra le proposizioni. Le congiunzioni possono essere: di **scopo**, ovvero indicare il fine di un'azione (to, in order to, so as to); di **maniera**, ovvero indicare la maniera in cui avviene l'azione (if, even if); di **causa** (because, as, because of, thanks to); di **risultato**, ovvero indicare la conseguenza di un'azione (so, therefore, as a consequence); di **concessione**, ovvero indicare una circostanza che potrebbe impedire quanto espresso nella proposizione principale (even if, although, despite, in spite of, however, instead of, though, unless, as long as); di **opposizione** (yet, but, on the contrary, unlike, whereas, no longer, not any more); di **accumulazione** (and, moreover, too, as well, even, first of all, then, finally).

- **Nota: although** è seguito da una proposizione verbale (he is wrong, although he will not admit it); **despite** e **in spite of** sono seguiti da un sostantivo (despite the price, I bought it / I bought it in spite of the price); **yet** e **moreover** si posizionano all'inizio della proposizione (He didn't want to come along. Yet, he did / He didn't feel like coming. Moreover he was tired).

CAPITOLO 17: GLI AVVERBI

5 Unite ciascun principio di frase al finale corrispondente.

1. she went to the baker's…
2. He went to bed just after dinner…
3. We'll go on a picnic…
4. Although I don't like walking…
5. I'd like to come to the party…
6. Milk comes from an animal.

a. but I have to work.
b. Therefore, vegans don't consume any.
c. if the weather is fine.
d. to buy some bread.
e. I always try to go to work on foot.
f. because he needed to get up at 4 a.m.

6 Per ciascuna frase indicate la congiunzione appropriata.

1. We had dinner and (**as well** - **secondly** - **then**) we went to see a movie.

2. I love science fiction films (**unlike** - **whereas** - **instead of**) you prefer dramas.

3. I'm not very good at maths, (**but** - **yet** - **so**) I can't help you.

4. The match was cancelled (**because** - **in spite of** - **because of**) the rain.

5. (**As long as** - **Unlike** - **Unless**) you hurry up, you'll miss your train!

CAPITOLO 17: GLI AVVERBI

7 Completate le frasi con la congiunzione corretta.

1. I will run the marathon … it rains.
a. though   b. however   c. despite   d. even if

2. You can borrow my car … you drive carefully.
a. as long as   b. unless   c. even if   d. though

3. I passed my exam … Lisa's help.
a. because   b. despite   c. thanks to   d. in spite of

4. They failed their driving test. …, they cannot drive.
a. Because of   b. As a consequence
c. Yet   d. So as to

5. … her brother, who loves meat, Jane is a vegetarian.
a. whereas   b. unless
c. unlike   d. as well

8 Le cinque congiunzioni nelle frasi qui sotto sono fuori posto. Ricollocatele nella posizione corretta.

1. I **HOWEVER** smoke. I **SO** stopped last year.

2. She's studied psychology and criminology **FINALLY**.

3. I love this house, **NO LONGER**, I don't have enough money to buy it.

4. I phoned her but she wasn't home, **AS WELL** I left a message.

→ ....
→ ....
→ ....
→ ....

L'accento tonico

In inglese alcune sillabe hanno un suono più lungo e marcato di altre. Si tratta delle cosiddette sillabe toniche che recano l'accento della parola e che sui dizionari troviamo precedute da un apostrofo. Per ragioni di chiarezza e semplicità, nei nostri esempi le sillabe toniche sono indicate in neretto. Poiché nella parola **fantastic** l'accento cade sulla seconda sillaba, questa sarà indicata come segue: fan**'tas**tic. Un buon accento si acquisisce attraverso l'assorbimento della lingua e il suo regolare utilizzo. Tuttavia vi sono regole che possono esservi di aiuto (vedi più avanti).

CAPITOLO 17: GLI AVVERBI

L'accento nelle parole bisillabiche.

- **Nei termini bisillabici senza suffisso** l'accento cade generalmente sulla 1ª sillaba: **'ta**ble, **'i**mage, **'doc**tor. Vi sono alcune eccezioni, tra cui he**'llo**. Se la 1ª sillaba è un prefisso, l'accento cade sulla seconda sillaba: mis**'take**, un**'hap**py, a**'way**, for**'give**. Anche in questo caso esistono alcune eccezioni: **'col**league, **'in**come. L'accento cade sull'ultima sillaba se questa è composta dal gruppo di lettere **aa**, **ee**, **ese**, **ette**, **eer**, **oo**, **ade**: cru**'sade**, laun**'drette**, ba**'zaar**, ba**'lloon**, ve**'neer**.
- **Nota:** le parole monosillabiche sono sempre accentate tranne quando svolgono la funzione di ausiliare, preposizione o articolo (the **'cat** is on the **'couch**).

9 In ciascun gruppo c'è una parola in cui l'accento cade sulla 2ª sillaba, quale?

1. image - people - July - children ➜ ....
2. angry - ago - money - mountain ➜ ....
3. promise - career - effort - killer ➜ ....
4. napkin - pepper - taboo - riddle ➜ ....
5. single - Chinese - toilet - verdict ➜ ....

10 In ciascun gruppo c'è una parola in cui l'accento cade sulla 1ª sillaba, quale?

1. across - extreme - surprise - virus ➜ ....
2. asleep - today - cocoon - basket ➜ ....
3. trainee - insect - unfit - unreal ➜ ....
4. unfair - across - enough - apple ➜ ....
5. flavour - again - ago - baboon ➜ ....

Bravi, avete appena concluso il capitolo 17! Contate le icone e riportate il risultato a pagina 128 per la valutazione finale.

18
Le preposizioni

Le principali preposizioni

• **I verbi seguiti da preposizione**

Non funzionano come i verbi frasali (phrasal verbs), con cui spesso si tende a confonderli e che vedremo nel prossimo capitolo. La particella del phrasal verb fa parte del verbo stesso e non del complemento che segue: "he gave up smoking". Nei verbi seguiti da preposizione, la parola o frase che questa introduce è di fatto oggetto/complemento della preposizione: "he lives in Paris", dove **in** è il complemento di Paris.

• **Le principali preposizioni e il loro significato**

- **at:** a, in, presso. Diversamente da **in**, che indica un punto all'interno di una grande area, **at** indica la posizione in un luogo o punto preciso e circoscritto (I'll meet you at the station). Ricorre anche con i nomi propri utilizzati per gli edifici o le organizzazioni (she works at Harrods) e con il genitivo sassone per indicare la casa o il negozio di qualcuno (I am at Simon's).

- **from:** da (provenienza, origine), a partire da (anche con valore temporale). Indica un'origine, una provenienza o un punto di partenza spaziale o temporale (he comes from Berlin, I'm on holidays from the 5th to the 20th).

- **on:** su, sopra. Implica sempre un contatto (the cat is on the table). Si usa anche per riferirsi a montagne o piccole isole e sempre con i termini island o isle.

- **out:** fuori, esterno. Esprime anche il concetto di estrazione (take the groceries out of the bag, to be out of town = essere in viaggio).

- **to:** a, verso. Indica un movimento verso una destinazione (I'm going to the cinema, I drove from Paris to Nice). Insieme a **from** assume valore temporale (I work from Monday to Sunday).

1 Inserite le preposizioni at, to, from, from... to, on, out negli spazi vuoti.

1. My keys were .... the table. Have you seen them?

2. Could you take the rubbish ....?

3. I saw James today .... the bus stop. He was going .... work.

4. I will be away .... the 10th .... the 21st.

5. She lives in London but she is .... Ireland.

Principali preposizioni (seguito)

- **across:** attraverso. Indica l'idea di attraversamento/percorrimento di un piano orizzontale (he swam across the Channel).
- **around:** intorno, all'incirca, in prossimità di (to look around, I just walked around ➔ ho fatto un giro).
- **by:** a fianco/a lato di, presso (they walked by the river).
- **in:** in, all'interno. Indica una posizione precisa all'interno di grandi aree o di spazi chiusi e circoscritti (my glasses are in a case, I live in Paris).
- **for:** per, destinato a, di. Si usa con valore finale, per indicare un destinatario, ma anche per esprimere la ricerca di qcs. o la predisposizione a fare qcs. (the reason for the delay is unknown, this present is for you, they are searching for oil in this area, I am not in the mood for this).
- **of:** di. Oltre a esprimere il possesso, **of** esprime una caratteristica specifica che può riguardare il materiale, la qualità, le dimensioni, l'età, la tipologia o la razza di qcn. o qcs. (the cabin is made of wood, to have a good knowledge of English).
- **over:** al di sopra. Non implica contatto (the plane flew over Berlin). Traduce anche oltre, riferito a un attraversamento nello spazio o al rivestimento di una superficie (I spread a comforter over the sofa) e in senso figurato riferito a una quantità numerica o alla velocità (you must be over 18 to see this movie, he drove over 150kmh).
- **through:** attraverso, da una parte all'altra di qualcosa di chiuso o delimitato (he threw the book through the window, I could hear him singing through the wall).

2 Cerchiate la preposizione corretta tra quelle indicate tra parentesi.

1. A dangerous criminal has escaped **(of - over - from)** prison.
2. I would love to live **(around - at - by)** the sea.
3. She has travelled all **(through - around - across)** the world.
4. I spilled wine all **(across - through - over)** the table.
5. "A way **(over - through - out)**" is a solution.
6. We can see everything **(through - across - around)** this curtain.
7. She was born **(at - in - from)** Dublin.

CAPITOLO 18: LE PREPOSIZIONI

Differenze tra inglese e italiano

- Alcuni verbi italiani si costruiscono con le stesse preposizioni dei loro equivalenti inglesi. In molti casi, però, la preposizione è diversa e occorre pertanto impararla a memoria: partecipare **a** = to participate **in**.

- In altri casi, i verbi italiani reggono una preposizione, mentre i loro equivalenti inglesi si costruiscono direttamente con il complemento senza preposizione: **chiedere a qualcuno** si traduce **to ask Ø someone**. Tra i verbi più comuni che reggono la costruzione senza preposizione ricordiamo **to fit, to benefit, to remedy, to resemble, to address, to doubt, to witness, to forgive, to need**: ho bisogno di soldi = I need Ø money.

- Viceversa, alcuni verbi italiani si costruiscono senza preposizione, mentre i loro equivalenti inglesi reggono una preposizione. Anche in questo caso, occorre impararli a memoria: approvare qcs. = to approve **of** something, commentare qcs. = to comment **on** something, così come **to hope for, to look at, to remind of**...

3 Inserite la preposizione corretta tra: of, in, Ø, for, on, to.

1. The decision doesn't depend .... you.

2. He answered .... the questions the detective asked.

3. Don't wait .... me. I'm going to be late.

4. I listen .... the radio all day.

5. Do you believe .... God?

6. It's a miracle. She's survived .... the accident.

7. It smells good in here. It smells .... coffee.

4 Cerchiate la preposizione corretta.

1. Are you afraid ... spiders? **(at - of - on)**

2. I've never been very good ... maths. **(in - at - on)**

3. He's very interested ... photography. **(in - on - of)**

4. She is very different ... her sister. **(on - of - from)**

5. He is responsible ... the accident. **(on - of - for)**

Nota

- Numerosi aggettivi e sostantivi reggono una determinata preposizione. Poiché non esiste una regola precisa, vi raccomandiamo di impararli sempre insieme alla preposizione.

- Molte espressioni o locuzioni comuni reggono una preposizione, tra cui for example = per esempio.

CAPITOLO 18: LE PREPOSIZIONI

5 Unite ciascuna locuzione preposizionale alla sua traduzione.

1. for instance
2. instead of
3. by mistake
4. at least
5. on the contrary

a. per errore
b. anziché
c. per esempio
d. al contrario
e. almeno

Il vocabolario per la città

Il termine **città** ha due traduzioni: **town** e **city**. **Town** indica una città piccola o media, mentre **city** si usa per le città grandi o le metropoli. I seguenti esercizi vi offriranno l'occasione per testare il vostro vocabolario.

6 Unite ciascun luogo al suo equivalente.

1. post office
2. town centre
3. station
4. town hall
5. police station

a. ufficio postale
b. commissariato
c. centro
d. stazione
e. municipio

7 Riordinate le lettere che compongono la traduzione dei seguenti termini.

1. metropolitana → NDDERGROUUN → ....
2. circolazione → CITFAFR → ....
3. incrocio → CROROADSSS → ....
4. parcheggio → ARC - ARPK → ....
5. periferia → BRUBUS → ....
6. ingorgo → AFFICTR - AJM → ....

8 Inserite ciascun numero nella casella corrispondente.

1. zebra crossing   2. turn right   3. turn left   4. traffic lights   5. straight on

CAPITOLO 18: LE PREPOSIZIONI

9 Unite ciascun termine inglese al suo equivalente italiano.

1. over
2. among
3. in front of
4. around
5. in the middle
6. near/close to
7. next to
8. somewhere else
9. nowhere
10. between
11. everywhere
12. above
13. behind
14. under

a. al centro
b. vicino
c. sopra, al di sopra di
d. tra (molti)
e. sotto
f. dietro
g. di fronte
h. tra (due)
i. sopra, su
j. da nessuna parte
k. intorno
l. accanto
m. altrove
n. ovunque

L'accento nelle parole bisillabiche (seguito)

L'accento cade sulla prima sillaba se il termine bisillabico è un sostantivo o un aggettivo, sulla seconda se il termine bisillabico è un verbo: a **'con**test / to con**'test**. Esistono alcune eccezioni: to **'a**lter, to **'co**mment, to **'su**ffer, to **'su**pervise, to **'da**mage, to **'e**ducate, to **'o**ccupy, to **'pro**fit... Le parole che terminano in **ow**, **en**, **y**, **er**, **le**, **ish** recano l'accento sulla prima sillaba.

ovunque
da nessuna parte
altrove
accanto

CAPITOLO 18: LE PREPOSIZIONI

10 Un solo verbo per gruppo reca l'accento sulla 1ª sillaba, quale?

1. to accept, to adopt, to agree, to answer → ....
2. to comfort, to combine, to complain, to conclude → ....
3. to decide, to differ, to define, to divorce → ....
4. to emerge, to employ, to enter, to escape → ....
5. to suggest, to suppose, to survive, to suffer → ....
6. to obey, to offend, to oppose, to offer → ....
7. to afford, to copy, to control, to debate → ....
8. to despair, to divide, to envy, to enjoy → ....
9. to open, to evade, to propose, to protect → ....
10. to possess, to support, to surprise, to publish → ....

11 Trovate l'intruso.

1. to finish - to adapt - to collect
2. to deserve - to borrow - to dismiss
3. to worry - to oppose - to follow
4. to permit - to cover - to believe
5. to listen - to pretend - to avoid

12 Dove cade l'accento nella 2ª frase? Indicatelo come nell'esempio.

Es.: a 'permit / to per'mit

1. He made a '**pro**test / He likes to protest
2. He wants to ob'**je**ct / What is this object?
3. This produce is an '**im**port / We import from India
4. Teenagers like to re'**be**l / He is a rebel
5. The police re'**co**rd interviews / I collect records

Bravi, avete appena completato il capitolo 18. Contate le icone e riportate il risultato a pagina 128 per la valutazione finale.

Phrasal verbs

Principio e funzionamento

I **phrasal verbs sono verbi uniti a una particella, in genere una preposizione o un avverbio**, che modifica il significato del verbo originale (senza particella) o gli conferisce un significato completamente nuovo: he gave up smoking last year ➜ senza **up**, **to give** significa **dare** e non **abbandonare** / I'll come up with a solution ➜ **to come** da solo significa **venire**, ma **to come up with** significa **trovare**. In altri casi la particella serve a rafforzare il significato del verbo cui è unita: please slow down.

I verbi sottolineati sono phrasal verbs o sono semplicemente verbi seguiti da preposizione? Barrate la casella giusta.

1. We <u>checked in</u> at a 5 star hotel. ☐ V. phrasal verb ☐ V. con preposizione
2. My phone <u>is in</u> the car. ☐ V. phrasal verb ☐ V. con preposizione
3. The cat is <u>sleeping on</u> the couch. ☐ V. phrasal verb ☐ V. con preposizione
4. Don't mind me. <u>Carry on</u>! ☐ V. phrasal verb ☐ V. con preposizione
5. The sun <u>is up</u>. ☐ V. phrasal verb ☐ V. con preposizione
6. We're getting late, <u>hurry up</u>! ☐ V. phrasal verb ☐ V. con preposizione
7. He was <u>brought up</u> by his aunt. ☐ V. phrasal verb ☐ V. con preposizione
8. <u>Throw</u> it <u>out</u> of the window! ☐ V. phrasal verb ☐ V. con preposizione
9. "<u>Watch out</u>!" means "be careful!" ☐ V. phrasal verb ☐ V. con preposizione
10. We had a try but it didn't <u>work out</u>. ☐ V. phrasal verb ☐ V. con preposizione
11. The car <u>went down</u> the avenue. ☐ V. phrasal verb ☐ V. con preposizione
12. You should <u>cut back on</u> cigarettes. ☐ V. phrasal verb ☐ V. con preposizione

Significato delle particelle

Il significato delle particelle che compongono i phrasal verbs è generalmente più astratto del significato che esse esprimono come preposizioni. Le principali particelle possono esprimere i seguenti concetti:

- **away**: idea di allontanamento o diminuzione (to put things away = mettere via / to walk away = allontanarsi)
- **back**: idea di ritorno o trattenimento (to pay back = rimborsare / to hold back your tears = trattenere le lacrime)
- **in**: idea di raggiungimento, completamento (to fill in a form = riempire un questionario)
- **off**: idea di interruzione, partenza, distacco (to switch off TV = spegnere la TV / to be off = andarsene / we were cut off during our phone conversation = mentre parlavamo (al telefono) è caduta la linea)
- **on**: idea di continuazione o accensione (to sing on = continuare a cantare / to switch on the light = accendere la luce)

2 Unite ciascun phrasal verb ai sinonimi corrispondenti.

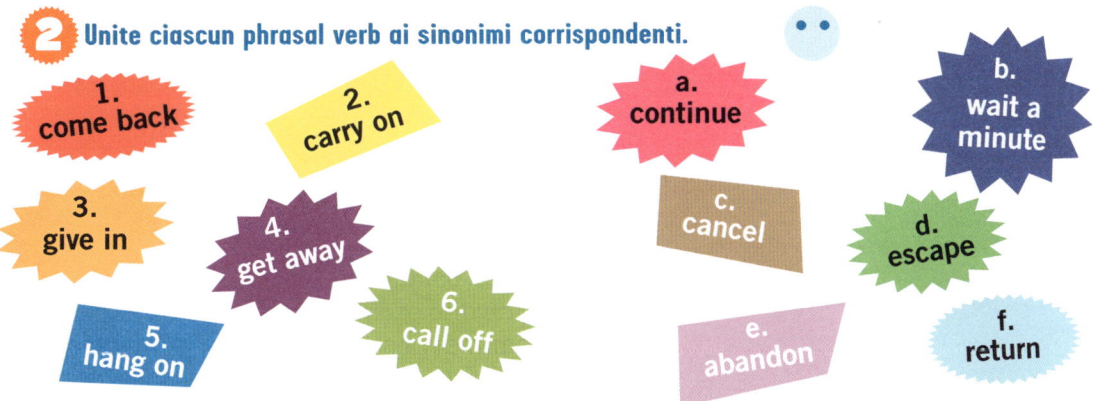

1. come back
2. carry on
3. give in
4. get away
5. hang on
6. call off

a. continue
b. wait a minute
c. cancel
d. escape
e. abandon
f. return

Significato delle particelle (seguito)

- **out**: idea di chiarimento, spiegazione (to speak out = spiegarsi, parlare chiaramente); idea di distribuzione (the sheets were handed out to the pupils); situazione che si origina improvvisamente (the war broke out); concetto di logoramento progressivo (my shoes are worn out = usate)
- **up** e **down**: esprimono l'idea di movimento verso l'alto o il basso (get up / sit down); **up** è anche associato all'idea di raggiungimento di un limite (to fill up = riempire fino all'orlo) e di aumento, miglioramento e ottimismo (to cheer up = tirare su il morale, rallegrare), mentre **down** esprime l'idea di diminuzione, riduzione o pessimismo (to play down = minimizzare)

CAPITOLO 19: PHRASAL VERBS

3. Completate i verbi con una delle particelle indicate a destra. Tutti i verbi derivano da to look.

Particelle: **for**, **up**, **up to**, **down on**, **out**

1. to look something .... → to search information in a book/database
2. to look .... → to consider inferior, to despise
3. to look .... → admire
4. to look .... → to try to find something
5. to look .... → be careful

4. Completate le frasi con il phrasal verb corretto.

keep off · **fall down** · **climb up** · **take off** · **make up** · **burst out**

1. She .... crying when she heard he had died.
2. Don't .... trees, it's dangerous. You're going to ....
3. .... the lawn! It's forbidden to walk on it!
4. You should .... your cap when entering a religious building.
5. "I can't .... my mind" means "I can't decide".

5. Indicate con un cerchio la traduzione corretta dei seguenti phrasal verbs.

1. **to pick out** = to choose - to avoid
2. **to turn down** = to go to bed - to reject
3. **to pass away** = to leave - to die
4. **to find out** = to discover - to show
5. **to cut off** = to suppress - to flee
6. **to put up with** = to tolerate - to help
7. **to get on with** = to like - to accompany
8. **to blow up** = to explode - to whistle
9. **to cheer up** = to lift - to become happier
10. **to speak up** = to speak louder - to sing

CAPITOLO 19: PHRASAL VERBS

Il vocabolario per la cucina

Come dice il comico inglese Jackie Mason, "England is the only country where food is more dangerous than sex". Per non affidarvi ciecamente al cameriere e correre il rischio di vedervi servito dell'agnello in salsa di menta o un succulento haggis (insaccato di interiora di pecora), vi consigliamo di migliorare il vostro vocabolario gastronomico. Buon Appetito!

6 Completate le frasi con i vocaboli che trovate qui sotto.

starter *LUNCH* *rare* *hungry* *tip* *main course* *thirsty* *meals* *well-done* *dressing* *breakfast*

1. You eat when you are .... and you drink when you are ....

2. There are generally three .... in a day : ...., ... and dinner.

3. Meat is eaten .... (not very cooked), medium, or .... (well cooked).

4. A menu is composed of a ...., a .... and a dessert. The sauce on a salad is called a ....

5. When you go to the restaurant and you are happy with the service, you can leave a ....

CAPITOLO 19: PHRASAL VERBS

7 Riordinando le lettere o inserendo quelle mancanti otterrete la traduzione dei seguenti alimenti.

1. sale: **LTAS** → ....
2. pane → **B _ _ A _**
3. pasta → **P _ _ _ A**
4. pepe: **ERPEPP** → ....
5. riso → **R _ C _**
6. agnello → **L _ _ B**
7. prosciutto → **H _ _**
8. bue → **B _ _ F**
9. gamberetto → **SH _ _ M _**
10. latte → **M _ _ K**
11. burro → **B _ _ _ E _**
12. caffé → **C _ F _ _ _**
13. acqua → **W _ _ _ _**
14. succo di frutta → **J _ _ C _**
15. vino → **_ _ N _**
16. birra → **B _ _ _**
17. senape: **DMSRATU** → ....

8 Cosa si dice quando si brinda? Barrate la casella giusta.

a. ☐ Cheese!   b. ☐ Jeeze!   c. ☐ Cheers!

9 Completate la tabella di destra aiutandovi con le definizioni di sinistra.

Across
1. spinaci
2. mela
3. cavolo
4. pomodoro
5. lattuga
6. prugna
7. limone
8. ciliegia
9. pera

Down
A. peperone
B. piselli
C. pera
D. cetriolo
E. uvetta

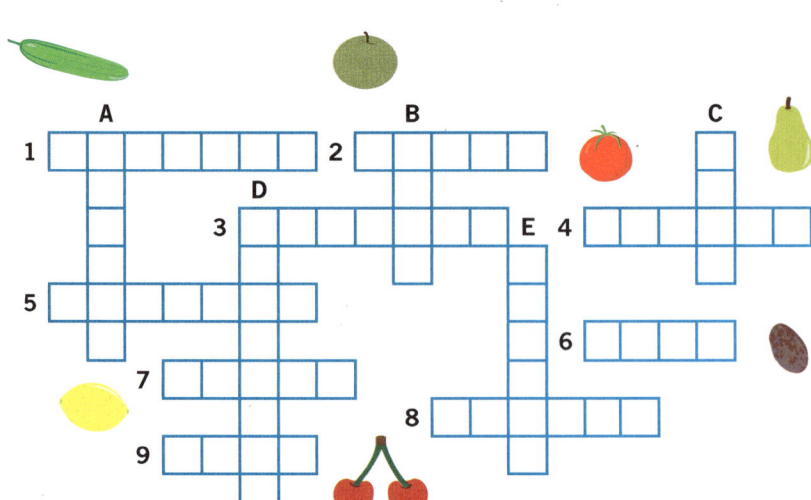

CAPITOLO 19: PHRASAL VERBS

10 Trovate l'intruso.

1. grapefruit - potato - cucumber - pepper
2. carrot - asparagus - bean - pineapple
3. apricot - raspberry - strawberry - lettuce
4. banana - artichoke - mango - orange

L'accento dei suffissi

I termini che aggiungono i suffissi **ist**, **ism**, **ish**, **ly**, **ed**, **ing**, **ment**, **ness**, **ful**, **man**, **able**, **ship** mantengono lo stesso accento. L'aggiunta del suffisso non comporta alcun cambiamento di pronuncia: **'ac**tive → **'ac**tivist / **'so**cial → **'so**cialism / **'in**terest → **'in**teresting.

11 Cerchiate i termini il cui accento è indicato correttamente.

1. gradu**'al**ly, trea**'sur**er, **'des**troyed
2. questio**'ning**, deve**'lop**ment, **'men**talist
3. **'ex**ploitable, in**'sul**ting, **'plea**santly
4. al**'co**holism, **'a**mazing, in**'ven**ted
5. dog**'ma**tism, beau**'ti**ful, **'part**nership

12 Cerchiate la sillaba tonica.

1. amazing - offered - unhappiness - teacher
2. certainly - humanism - fireman - readable
3. elegantly - wonderful - answering - relationship
4. cartoonist - changeable - anxiousness - worrying
5. carefully - naturalist - nourishment - numbered
6. happily - delighted - correctly - friendship
7. painter - contrasting - washable - fairness
8. interesting - meaningful - yellowish - happened

Bravi, avete completato il capitolo 19. Contate le icone e riportate il risultato a pagina 128 per la valutazione finale.

Il passivo

Regole generali

In inglese il passivo si usa generalmente **quando l'interesse è rivolto all'azione e al suo oggetto** piuttosto che a chi compie l'azione (this castle was built in the 12th century = questo castello è stato costruito nel XII secolo), **quando l'identità dell'autore non è nota o importante** (he was assaulted ➜ è stato aggredito, ma non si sa da chi), oppure **quando è talmente evidente che non occorre menzionarla** (he was arrested ➜ è stato arrestato, si suppone che sia stata la polizia).

- **Formazione:** soggetto + **be** coniugato al tempo del verbo nella frase attiva) + participio passato del verbo della frase attiva (the children broke the vase ➜ the vase was broken by the children).

- se il soggetto nella frase attiva, è precisato, questo è introdotto da **by** (the telephone was invented by Alexander Graham Bell).

- il soggetto della frase attiva diventa il complemento d'agente della frase passiva e il complemento oggetto della frase attiva diventa il soggetto della frase passiva. **Frase attiva:** a pickpocket stole my purse ➜ **frase passiva:** my purse was stolen by a pickpocket.

❶ Coniugate i verbi al participio passato.

1. find ➜ ....
2. send ➜ ....
3. be ➜ ....
4. sing ➜ ....
5. cut ➜ ....
6. tell ➜ ....
7. forget ➜ ....
8. hit ➜ ....
9. cook ➜ ....
10. let ➜ ....
11. write ➜ ....
12. steal ➜ ....
13. think ➜ ....
14. lose ➜ ....
15. go ➜ ....

❷ Mettete le seguenti frasi alla forma passiva.

1. J.K. Rowling wrote *Harry Potter*.
   ➜ ....

2. Sam's father has designed this car.
   ➜ ....

Differenze con l'italiano

- In generale in italiano si tende a preferire la costruzione attiva introdotta dal **si** passivante (in questa fabbrica si producono muffins = muffins are made in this factory). La costruzione attiva italiana ricorre in particolare con i verbi di opinione o che indicano un'attività intellettuale, diversamente dall'inglese che adotta invece la forma passiva: **to know, to say, to think, to believe, to suppose, to consider, to tell** (he is said to be rich = si dice sia ricco / I was told that she had died = mi hanno detto che era morta).

- In inglese il passivo è usato anche con i verbi **to give, to send, to teach, to ask, to tell, to show, to offer, to lend**, laddove in italiano si preferisce la costruzione impersonale (mi hanno dato un computer = I was given a computer).

3 Unite ciascun elemento nella colonna A all'elemento corrispondente nella colonna B così da ottenere la traduzione delle frasi in italiano.

Frasi italiane	A	B
1. Non ci si può fidare di lui	He can't	given a mobile
2. Gli hanno dato un cellulare	He was	be trusted
3. Il conto è stato pagato	The bill has	spoken here
4. Mi hanno chiesto di fare un discorso	I was asked	been paid (for)
5. Qui si parla spagnolo	Spanish is	to deliver a speech

4 Separate le parole che compongono la traduzione delle frasi tra parentesi.

1. **weweregivenaroomwithaview** (ci hanno dato una camera con vista)

   → ....

2. **heissaidtobeaselfishman** (si dice che sia egoista)

   → ....

3. **theproblemwillbedealtwithbythemechanic** (il problema sarà risolto dal meccanico)

   → ....

Altro uso del passivo

La forma passiva è usata anche per tradurre numerose **espressioni impersonali** (non si fa = it is not done) e **infinitive** come: da vedere, da fare, ecc. (resta da vedere = it remains to be seen).

CAPITOLO 20: IL PASSIVO

5 Riordinate le parole. Otterrete la traduzione delle frasi in italiano.

1. Il tè è bevuto in tutto il mondo.
   world/drunk/tea/over/is/all/the

   → ....

2. Persone da contattare in caso di emergenza.
   people/case/to/be/an/of/emergency/contacted/in

   → ....

3. Mi hanno detto che Peter era molto malato.
   ill/I/was/Peter/told/that/seriously/was

   → ....

4. Gli è stato offerto un lavoro interessante in Giappone.
   job/offered/interesting/he/a/very/was/in/Japan

   → ....

I verbi con preposizione

Se il verbo della frase attiva regge una preposizione, questa va collocata al fondo della frase passiva: the children laughed at the little girl → she was laughed **at**.

6 Completate le traduzioni prestando attenzione alla preposizione.

1. Ci si prenderà cura dei bambini → the children will ....
   (prendersi cura di = to take care of)

2. Si cercò una soluzione → a solution .... (cercare = to look for)

3. Si è parlato di questo scandalo per anni → this scandal .... for years. (parlare di = to talk about)

I sinonimi

Un sinonimo è "a word you use when you can't spell the word you first thought of", diceva il musicista americano Burt Bacharach! Conoscere i sinonimi può essere utile quando non si ricorda la parola che si vuole esprimere, ma anche per arricchire la comprensione scritta e orale della lingua... o per svolgere gli esercizi del quaderno Assimil!

CAPITOLO 20: IL PASSIVO

7. Unite ciascun termine al suo sinonimo.

1. cure — a. offense
2. rescue — b. accuse
3. crime — c. save
4. sickness — d. heal
5. blame — e. disease

8. Riordinate le lettere che formano i sinonimi dei seguenti termini.

1. agreement: **LADE** → ....
2. strange: **DOD** → ....
3. perhaps: **BMYAE** → ....
4. prepared: **EYDRA** → ....
5. close: **TUHS** → ....
6. capable: **EBAL** → ....
7. gift: **TNESPRE** → ....
8. absent: **SIMSGNI** → ....

9. Scrivete sotto ciascun termine il sinonimo corrispondente.

glad — *afraid* — *famous* — *exhausted* — *mistake* — *prison* — *huge* — *wonderful*

1. popular →
2. very tired →
3. fantastic →
4. enormous →
5. error →
6. happy →
7. scared →
8. jail →

10. Trovate l'intruso.

1. cute - lovely - sweet - selfish
2. stupid - clever - foolish - silly
3. shy - accurate - correct - right
4. regular - ordinary - unusual - common

11. Separate le parole e trovate l'intruso, come nell'esempio.

Es.: cleverbrightstupidintelligent → clever/bright/stupid/intelligent. L'intruso è: stupid

1. hugetinygiganticenormous - **L'intruso è:** ....
2. pleasedcrossdelightedglad - **L'intruso è:** ....
3. angryfuriouskindoutraged - **L'intruso è:** ....

CAPITOLO 20: IL PASSIVO

Il vocabolario per la casa

Esistono due parole per tradurre **casa**: **house**, usato per indicare l'edificio, la costruzione, e **home**, usato per indicare lo spazio abitativo, domestico.

12 Riordinate le lettere che formano la traduzione dei seguenti termini.

1. finestra: **WODNIW**
   → ....

2. parete: **LAWL**
   → ....

3. porta: **OROD**
   → ....

4. poltrona: **AIRHCMRA**
   → ....

5. cantina: **LLECAR**
   → ....

6. tetto: **OFOR**
   → ....

7. scale: **AIRSST**
   → ....

8. armadio: **RDUPCOAB**
   → ....

9. letto: **EDB**
   → ....

10. sedia: **RAIHC**
    → ....

11. divano: **FAOS**
    → ....

12. cucina: **CHENTIK**
    → ....

13. bagno: **OMRHTABO**
    → ....

14. appartamento: **TALF**
    → ....

L'accento delle parole trisillabiche senza suffisso

Le parole trisillabiche senza suffisso recano l'accento sulla prima sillaba (**'di**fficult, **'ye**sterday), tranne nel caso in cui il prefisso è una parola di origine latina, in questo caso l'accento cade sulla seconda sillaba (dis**'ho**nest, sa**'la**mi, py**'ja**mas). Esistono tuttavia alcune eccezioni.

13 Vero o falso?

1. **'a**nimal ☐ VERO ☐ FALSO
2. **'e**leven ☐ VERO ☐ FALSO
3. **'um**brella ☐ VERO ☐ FALSO
4. **'No**vember ☐ VERO ☐ FALSO
5. **'to**lerant ☐ VERO ☐ FALSO
6. **'cro**codile ☐ VERO ☐ FALSO
7. un**'co**mmon ☐ VERO ☐ FALSO

CAPITOLO 20: IL PASSIVO

L'accento delle parole trisillabiche con suffisso ic/ics

I vocaboli terminanti in ic/ics recano l'accento sulla penultima sillaba: eco**'no**mics. Esistono alcune eccezioni, tra cui **'A**rabic.

14 Sottolineate la sillaba tonica (ci sono alcune eccezioni...).

1. family, apricot, potato, remember, origin
2. genetics, allergic, company, automatic
3. consequence, hospital, scientific, vinegar
4. continent, cathedral, politics, Catholic, horizon

L'accento delle parole trisillabiche con suffisso (seguito)

I termini che aggiungono i suffissi -ial, -ual, -ian, -iar, -ial, -ion, -ious, -sion, -tion, -ient, -cious, -tious, -ible, -ity, -logy, -graphy recano l'accento sulla sillaba che precede il suffisso: fi**'nan**cial, indi**'vi**dual, ci**'vi**lian, con**'clu**sion, defi**'ni**tion, am**'bi**tious, in**'cre**dible, possi**'bi**lity, ge**'o**graphy, fa**'mi**liar. Le parole terminanti in **-ory/-ary, -ate, -ize** recano l'accento sulla seconda sillaba che precede il prefisso: **'ne**cessary, cer**'ti**ficate, **'cri**ticize.

15 Barrate i termini con l'accento sbagliato.

1. famili**'a**rity
2. contri**'bu**tion
3. idea**'li**se
4. **'de**lirious
5. tech**'no**logical
6. re**'mar**kable

16 Sottolineate la sillaba tonica.

1. biography, category, derogatory, communicate
2. delicious, impossible, psychology, necessary
3. ambitious, hilarious, technology, majority
4. analyse, communication, impatient, personality

Bravi, avete completato il quaderno di esercizi! Contate le icone e riportate il risultato a pagina 128 per la valutazione finale.

SOLUZIONI

1. Il presente

1 1. c; **2.** c; **3.** b; **4.** c; **5.** b; **6.** a; **7.** b

2 1. You **are always smoking** / You **know** I **hate** that! 2. The film **begins** 3. I usually **go** 4. I'm not **giving** 5. You're **being**

3 1. What **are** you **thinking** about? 2. He **looks** like his mother 3. I **need** to go to the doctor's 4. What **do** you **think** of this book? 5. The neighbours **have** a new car

4 1. worries 2. punishes 3. finishes 4. dresses 5. destroys 6. buys

5 1. living 2. keeping 3. wearing 4. playing 5. picnicking 6. admitting 7. suffering 8. drawing 9. breaking

6 1. good 2. well 3. good 4. well 5. good 6. well/well 7. good

7 1. actually - at the moment 2. to assume - to take/accept the consequences 3. a cave - una grotta 4. to pretend - pretendere 5. commodity - confort 6. attualmente - fluently 7. competion - contest

8 1. As cool as a cucumber 2. Pigs might fly

9 1. [iz]; 2. [z]; 3. [z]; 4. [iz]; 5. [z]; 6. [iz]; 7. [iz]; 8. [s]; 9. [iz]; 10. [s]

10 1. La desinenza si pronuncia [z] in tutte le parole tranne **eats** [s] 2. La desinenza si pronuncia [s] in tutte le parole tranne **burns** [z] 3. La desinenza si pronuncia [z] in tutte le parole tranne **recognizes** [iz] 4. La desinenza si pronuncia [z] in tutte le parole tranne **counts** [s]

2. Present perfect

1 1. since - for 2. for - since 3. since - for 4. for - since

2 1. c; 2. a; 3. d; 4. b; 5. f; 6. e

3 I have always love**d** Ireland. I **have lived** here since 2005. I've **been renting** a nice little flat in Dublin **for** 6 months. I have **found** an interesting job. **I've been working** here **for** three months (...) I've **been trying** to learn more about Irish cooking for a couple of months (...)

4 1. I **have already done** it. 2. He **has been smoking** 3. I **have been** (...) **since** 2002 4. **Have** you ever **heard** of (...) ?

5 1. a (l'espressione "I feel good", al posto di "I am" è molto diffusa in inglese americano).
2. c; 3. b; 4. a e c; 5. a e b; 6.c

6 1. much 2. carefully 3. difficulty 4. hurt 5. very 6. good

7 1. La **i** si pronuncia [i] in tutte le parole tranne **decide**. 2. La **i** si pronuncia [ai] in tutte le parole tranne **differ**. 3. La **i** si pronuncia [ai] in tutte le parole tranne **children**. 4. La **i** si pronuncia [i] in tutte le parole tranne **drive**.

8 1. b; 2. b; 3. a; 4. b

9 1. try (**y** si pronuncia [ai]) 2. neighbour (**ei** si pronuncia [ei]) 3. hear 4. heavy (**y** si pronuncia [i]. In tutte le altre parole la **y** si pronuncia [ai]) 5. justify (**y** si pronuncia [ai]. In tutte le altre parole si pronuncia [i]) 6. funny, crazy, money 7. sweat (**ea** si pronuncia [è] aperta; in tutte le altre parole si pronuncia [i]

10 1. great (**ea** si pronuncia [ei]) 2. asylum (**y** si pronuncia [ai]) 3. sign (**i** si pronuncia [ai]) 4. violence (**i** si pronuncia [ai]) 5. badge (si pronuncia badz. Il suono [dz] equivale alla **g** italiana di giacca) 6. in tutte le parole si ha il suono [i]!

3. Simple past

1 1. solo **know** è irregolare 2. solo **ask** è regolare 3. solo **buy** è irregolare 4. solo **need** è regolare 5. solo **walk** è regolare 6. solo **wash** è regolare.

2 **talk** - regolare - talked / **meet** - irregolare - met / **drink** - irregolare - drank / **become** - irregolare - became / **wear** - irregolare - wore / **cry** - regolare - cried / **open** - regolare - opened / **compare** - regolare - compared / **let** - irregolare - let

3 1. left 2. went 3. fought 4. stopped 5. did not/didn't 6. worked

4 1. did not hear / was having (...) rang. 2. were (...) doing / was watching 3. were playing / started 4. was doing (...) heard / was listening

5 1. during 2. for - since 3. ago 4. already 5. ever 6. yet

6 1. rented (...) for - bought 2. have broken 3. have smoked since 4. saw (...) ago

7 tapped - closed - explained - followed - worried - robbed - lived - preferred - topped - created - believed - studied - chatted - picnicked

8 1. to take / to have a break 2. to have lunch 3. to have a drink 4. to take a bath (US) / to have a bath (UK) 5. to take a holiday 6. to take a seat 7. to take/have a look 8. to have fun

9 1. I was wrong, you were right 2. Peter is 32 3. The children are afraid of the dog 4. They are cold in the cottage 5. I often have a headache

10 1. easy 2. freedom 3. hard 4. enough 5. silly

11 1. [id]; 2. [t]; 3. [d]; 4. [d]; 5. [id]

12 1. due 2. due 3. una 4. una 5. due 6. due 7. tre 8. due 9. due 10. una

13 1. **ed** si pronuncia [d] in tutti i casi tranne **fixed** [t]
2. **ed** si pronuncia [id] in tutti i casi tranne **explained** [d]
3. **ed** si pronuncia [t] in tutti i casi tranne **expected** [id]
4. **ed** si pronuncia [d] in tutti i casi tranne **included** [id]

4. Il futuro

1 1. d; 2. e; 3. a; 4. c; 5.b

2 1. b; 2. b; 3. a; 4. c; 5.c

3 1. **Shall I close** the window? 2. **are getting** married 3. the play **begins** 4. **shall** we? 5. I'll go out

4 1. did - made 2. do - make 3. make - did 4. do 5. make

SOLUZIONI

5 1. c; 2. e; 3. b; 4. a; 5. f; 6. d

6 Ecco i termini nella forma corretta: a**dd**ress, a**bb**reviation, m**irr**or, l**i**terature, co**ff**ee, a**gg**ressive, ach**ie**ve, a**c**ross, beg**inn**ing, ex**a**mple, **a**pricot, **ch**aracter, sho**ck**ing, s**y**rup, finall**y**, f**u**ture, f**u**nction, lang**ua**ge, g**u**ard, proje**c**t, **rh**ythm, development, Ireland

7 1. husband - wife 2. daughter 3. brother - sister 4. uncle 5. aunt 6. mother-in-law 7. nephew

8 1. jacket - suit - clothes - trousers - shirt - dress - socks - skirt - sweater - coat 2. purse - cap - hat - shoe - scarf - tie - handkerchief - glove - belt - umbrella

9 1. solo la **i** di **children** si pronuncia [i] 2. solo la **i** di **live** si pronuncia [i] 3. solo la **i** di **spinach** si pronuncia [i] 4. **eight**, poiché il gruppo **eigh** si pronuncia [ei] 5. d

10 [**i**] **court**: shit - fill - rid - bin - chip - sit - sick - ship - live - bitch - lick / [**i**] **long**: seek - beach - leek - seat - leave - sheep - read - feel - cheap - bean - sheet

11 1. hit 2. lives 3. sleep 4. sick

12 1. solo la [i] di **lick** è breve 2. **mate** non contiene il suono [i]/[ai]; si pronuncia [mei - t] 3. solo la [i] di **ill** è breve e non reca il suono dell'h aspirata 4. la prima sillaba di **sailing** reca il suono [ei] e non [i] 5. solo la [i] di **still** è breve

5. I verbi modali

1 1. must - should 2. must 3. would - could 4. may - should 5. can - can

2 1. May I open the window please? 2. I was not allowed to come 3. Shouldn't you smoke less? 4. Would you like to go out tonight? 5. I will have to do the shopping

3 1. I can arrive (...) 2. I had to see (...) 3. I may leave (...) 4. Will I be allowed to call him? 5. I must tell them

4 1. thanks 2. bother 3. get 4. see (...) later

5 1. Congratulation**s**! 2. **How are** you? 3. How do you do? 4. **G**ood **l**uck! 5. You're **w**elcome / don't **m**en**t**ion it / not at **a**ll

6 b > c > a > d

7 1. a; 2. c; 3. a e c; 4. c; 5. d; 6. c

8 1. [ə] - [a] - [ə] 2. a 3. fashion (la **a** si pronuncia [a] nasale, come in cat, e non [è] aperta o [ei]) 4. agony (la **a** si pronuncia [a]) 5. final (la **a** si pronuncia [ə])

9 1. **tune** (la **u** non si pronuncia [a] chiusa, ma [iu]) 2. **ruby** (la **u** non si pronuncia [a] chiusa, ma [u]) 3. **fudge** (la **u** non si pronuncia [u], ma [a] chiusa) 4. **open** (la **o** si pronuncia [ou]). Nelle altre parole la [a] è chiusa 5. **hood** (unica parola in cui non si sente la [a] chiusa; **oo** si pronuncia [u])

10 destruction - luck - god - brother - colour - stuck - seduction - rough

11 1. gibbon 2. sleigh 3. getaway 4. twig

12 germ - giant (notate che il suono [g] in spring non è pronunciato. Quello che si sente è il suono nasale [n].

13 weigh - though - sigh - borough

6. La costruzione infinitiva

1 1. b; 2. a; 3. a; 4. b

2 1. Ø go 2. to go 3. to go 4. Ø go

3 1. swimming 2. watching 3. to see 4. making 5. laugh

4 Ecco le frasi nella forma corretta: 1. Cooking pasta is not as easy as it seems 3. Why not stay for dinner? 4. He spends most of his free time travelling 5. I don't mind helping you 7. Do you enjoy reading detective stories? 8. Drinking too much tea or wine can stain your teeth 12. He denied stealing the car

5 1. move/to move 2. to snow/snowing 3. bark/barking 4. to cycle/cycling

6 1. a; 2. b; 3. b; 4. c; 5. c

7 **Orizzontale:** 1. greengrocer 2. hairdresser 3. grocery 4. store 5. butcher 6. fishmonger 7. jeweller 8. tobacconist **Verticale:** A. supermarket B. florist C. petrol station D. laundrette E. deli F. newsagent G. baker H. chemist

8 1. 's (to the baker's) 2. 's (to the butcher's) 3. supermarket - department store

9 1. basket - carrier - trolley - customers - buy - labels - prices - check-out - cashier 2. convenient - items - costs - delivered - order - send - refund

10 1. **many** (la **a** si pronuncia [è] aperta) 2. **says** (la **a** si pronuncia [è] aperta) 3. **heritage** (la **a** si pronuncia [i]) 4. **delicate** (la **a** si pronuncia [ei]) 5. **marriage** (la seconda **a** si pronuncia [i])

11 1. **head [è] aperta**: breath - sweat - peasant - treasure - ahead - cleanse 2. **great [ei]**: steak 3. **heart [a]**: hearth 4. **read [i]**: breathe - clean - bead 5. **fear [iea]**: idea - beard - year 6. **wear [ea]**: pear - swear - bear 7. **altri**: create [cri - ei-t] + ocean [oscean]

7. Imperativo, ellissi e question tags

1 1. Let us go to the restaurant! 2. Let them be quiet! 3. Let us not talk about that!

2 1. Let's go on holiday together! 2. Don't give me orders! 3. Let them arrive on time! 4. Let's not argue about silly things! 5. Let him not smoke in the building!

3 1. c; 2. a; 3. d; 4. b

4 1. No, I didn't 2. I hope so 3. Yes, she does 4. No, he isn't

5 1. So am I 2. So have I 3. Neither did I 4. So can I 5. So did I

6 1. will you / would you? 2. does she? 3. didn't he? 4. shall we? 5. does she?

123

SOLUZIONI

7 1. Germany 2. Spain 3. Japan 4. Turkey 5. Norway

8 1. a; 2. b; 3. b; 4. a

9 Wales (Galles), Ireland (Irlanda), England (Inghilterra), Scotland (Scozia)

10 1. b e d; 2. c; 3. b e c; 4. a e c; 5. c

11 1. like 2. as 3. as 4. like 5. like

12 1. ship 2. to cheat 3. cheap 4. to chop 5. to chew 6. patatina 7. lenzuolo 8. pecora 9. negozio 10. scarpa

8. I sostantivi

1 1. mice 2. teeth 3. geese 4. studios 5. women 6. leaves 7. ladies 8. wives 9. men 10. potatoes 11. knives 12. children 13. wolves 14. families 15. sheep 16. shelves

2 Le seguenti frasi contenevano errori, eccone la versione corretta: 1. I had **a piece of fruit** 2. My **pants are** too large 3. Her favourite class is economi**c**s 5. The **toast is** delicious 7. He showed Ø remarkable honesty 8. I had **three pieces of chewing-gum** 11. My **luggage is** heavy

3 1. c; 2. e; 3. a; 4. b; 5. d

4 1. c; 2. a

5 A/ 1. hair 2. forehead 3. eye 4. ear 5. cheek 6. nose 7. mouth 8. chin 9. throat 10. neck
B/ 1. head 2. shoulder 3. chest 4. arm 5. belly 6. hand 7. fingers 8. knee 9. leg 10. foot

6 nurse - cough - fever - cold - tablet - physician - sick - prescription - flu - health

7 1. b; 2. c; 3. d; 4. b; 5. d

8 1. a; 2. c; 3. a; 4. b; 5. a

9 (inglese-americano): autumn-**fall**; lorry-**truck**; flat-**apartment**; biscuits-**cookies**; underground-**subway**; holiday-**vacation**; taxi-**cab**

10 1. store 2. sweater 3. soccer 4. dumb 5. angry

11 1. a; 2. c; 3. e; 4. b; 5. d

12 1. **wood** (oo si pronuncia [u]) 2. **laugh** (au si pronuncia [a]) 3. **favour** (ou si pronuncia [ə]) 4. **flour** (si pronuncia come flower!)

13 awful - sought - born - wolf

14 1. **hour** (ou si pronuncia [au]) 2. **bubble** (u si pronuncia [a] chiusa) 3. **toe** (oe si pronuncia [oə], come in nose) 4. **flood** (oo si pronuncia [a] chiusa)

15 rude - juice - soon - sue - drew

16 1. vero 2. falso (put fa rima con fruit: la **u** in cut si pronuncia [a] chiusa come in duck, e non [u]) 3. vero 4. vero

9. Gli articoli

1 1. a; 2. Ø; 3. a; 4. the; 5. a

2 1. Ø; 2. Ø; 3. the; 4. the

3 1. What **a** beautiful house 2. has **a** fever / he cried all Ø night 3. Ø Religion can be 4. in room Ø 35 5. I love Ø milk chocolate

4 1. the 2. Ø 3. Ø 4. Ø - the 5. Ø

5 1. c; 2. a e d; 3. a

6 1. e; 2. d; 3. a; 4. c; 5. b

7 1. way 2. fish 3. tea 4. camel 5. bush

8 1. red 2. boys 3. perfect 4. pie

9 1. a; 2. c; 3. b; 4. c; 5. b

10 1. d; 2. c; 3. b; 4. e; 5. a

11 1. travel - train - plane - passport - ticket - airport - departure - luggage - check - flight 2. hotel - travel agency - package - camping - sightseeing - museums - castles - monuments - rent - bike - foot - guide - map - postcards - guesthouse

12 1. **door** (oo si pronuncia [o] e non [u]) 2. **blood** (oo si pronuncia [a] chiusa e non [u]) 3. **floor** (oo si pronuncia [o] e non [u])

13 1. **thousand** [ao]: account - south - announce 2. **four** [o:] pour - your - course - brought 3. **group** [ou]: soup - you - tourist 4. **enough** [a] chiusa: trouble - couple - country - courage - young 5. **journey** [eu]: enormous - journal

14 1. vero 2. vero 3. falso (in resource si pronuncia [o])

10. Gli avverbi di quantità

1 1. ~~any~~: some 3. ~~some~~: any 6. ~~some~~: any 7. ~~a little peanuts~~: a few 9. ~~too much~~: too many 10. ~~a lots of~~: a lot of

2 1. a little 2. many 3. some 4. any

3 1. enough 2. a few 3. all 4. too much 5. no

4 1. We don't have **enough** time 2. Would you like **another** beer? 3. Don't believe **all** the things she says 4. I like **both** cars

5 1. either - or - both 2. several - many 3. the whole - half 4. every 5. plenty of

6 1. a. thirty b. thirteen; 2. a. one hundred b. one thousand; 3. b; 4. d; 5. b; 6. b; 7. a (non si aggiunge **la s** in thousand / hundred dopo un numero); 8. a; 9. a

7 1. the 1st, the first 2. the 2nd, the second 3. the 3rd, the third 4. the 12th, the twelfth 5. the 18th, the eighteenth

8 1. b; 2. a; 3. d; 4. b; 5. b; 6. b

9 1. half 2. third 3. quarter 4. tenth 5. b e c

10 1. 1-060-890-7053 2. bluehairedjohn@gmail.com 3. o two - double o - double two - nine six - o nine 4. C T boy, at hotmail dot com

11 1. once 2. twice 3. three times 4. five times 5. twenty times

12 1. [u]: bull - full 2. [a] **chiusa**: luck - summer - sun -

SOLUZIONI

nut **3.** [iu]: universal - university - unique **4.** [ə]: bonus - virus **5.** [ə]: occur - urge - urban - figure **6.** [iuᵃ] (ue tedesco, suono u pronunciato con le labbra in posizione di e): immature - cure - jury - secure **7.** bury (stessa pronuncia di berry!)

⓬ biscuit - build - buy - guess - guardian

11. Il comparativo e superlativo

❶ **1.** more careful **2.** less spectacular than **3.** older than **4.** as serious as **5.** less dangerous

❷ **1.** bigger and bigger **2.** less and less motivated **3.** more and more tired **4.** better and better

❸ **1.** worst **2.** least successful **3.** richest **4.** most mysterious **5.** happiest

❹ **1.** He is the least ambitious man I know **2.** I wake up earlier and earlier **3.** This is the most dangerous snake in the world **4.** Sparkling wine is not as refined as champagne

❺ **1.** once in a blue moon **2.** as blind as a bat **3.** let the cat out of the bag **4.** six feet under

❻ **1.** funny **2.** proud **3.** handsome **4.** beautiful **5.** cheerful **6.** angry

❼ sorry - selfish - boring - lazy - generous

❽ **1.** shy **2.** lonely **3.** quiet **4.** kind **5.** rude **6.** talkative

❾ **1.** c; **2.** b; **3.** a; **4.** c; **5.** b; **6.** c

❿ **1.** forgive **2.** wait **3.** need **4.** hope **5.** believe **6.** understand **7.** agree

⓫ **1.** trust **2.** wonder **3.** forget **4.** show

⓬ **1.** case **2.** desert **3.** measure

⓭ **1.** fatalism (la **s** si pronuncia [z]. In tutte le altre parole si pronuncia [s]); **2.** a

⓮ **1.** to think - affondare **2.** although **3.** with - con **4.** (to) sing - cantare **5.** sick - malato **6.** both - capo **7.** chiusura

12. I pronomi personali e riflessivi

❶ **1.** we **2.** her **3.** her **4.** hers **5.** them **6.** your **7.** us **8.** it **9.** mine

❷ **1.** Ø **2.** Ø **3.** to get dressed **4.** feel **5.** relax **6.** Ø

❸ **1.** himself **2.** one another **3.** each other **4.** herself **5.** yourself

❹ **1.** d; **2.** a; **3.** e; **4.** f; **5.** c; **6.** g; **7.** b

❺ **Giorni:** Monday - Tuesday - Wednesday - Thursday - Friday - Saturday - Sunday **Mesi:** January - February - March - April - May - June - July - August - September - October - November - December

❻ **1.** on Monday **2.** on Mondays **3.** from - to e until **4.** on - of - in **5.** a

❼ **1.** in **2.** in **3.** on the 25 th of September **4.** on the 12th of March, in 2015

❽ **1.** am, pm; **2.** d; **3. a:** forty-five past six (am) oppure a quarter to seven (uso più corrente); **b:** one o'clock (pm); **c:** half past eleven (pm); **d.** c; **e.** b

❾ **H aspirata:** hospital, hit, hill, hero, hate, hilarious, hair, house, behind **H muta:** hour, honour, heir, honesty, Thailand, shepherd, thyme

❿ **1.** angry **2.** hungry **3.** wall **4.** ill **5.** arm - harm **6.** air - hair

13. La proprietà e i nomi composti

❶ **1.** Mr Jones's car **2.** the wife of the man we met yesterday **3.** the end of the film **4.** Helena's husband **5.** dog's ears **6.** the Johnsons' new house

❷ **Derivati di box: 1.** breadbox **2.** money box **3.** icebox **4.** mail box **5.** toolbox **Derivati di bag: 1.** schoolbag **2.** shopping bag **3.** sleeping bag **4.** handbag **5.** tea bag

❸ **1.** washing machine **2.** painkiller **3.** windbreaker **4.** floorcloth / floor-cloth **5.** toothpaste

❹ **1.** dishwasher **2.** butterfly **3.** lipstick **4.** seafood **5.** raincoat **6.** watermelon

❺ **1.** said **2.** tell **3.** say **4.** tell **5.** tell - said

❻ **1.** talk **2.** speak **3.** talked **4.** speak **5.** speak

❼ **1.** c; **2.** e; **3.** b; **4.** f; **5.** a; **6.** d

❽ **1.** lamb - climb - plumber - comb - doubt - crumb **2.** a **3.** calf - almond - talk - half - calm - palm - walk - could - salmon **4.** listen - castle - soften - mortgage **5.** Cominciano tutte per **kn**, in cui la **k** non si pronuncia

❾ **1.** la lettera **g 2.** la lettera **e** in **er 3.** la lettera **p**

❿ ans(w)er - autum(n) - fa(r)m - dou(b)t - i(s)land - le(o)pard - gran(d)mother

14. I pronomi relativi e interrogativi

❶ **1.** which **2.** when **3.** that **4.** who **5.** whose **6.** which o that - what **7.** where

❷ **1.** how long **2.** how often **3.** when e how soon **4.** which **5.** who

❸ **1.** Whose laptop is this? **2.** When do you take your exam? **3.** Where did you go for the holidays? **4.** Why are you not coming? **5.** How many children do they have? **6.** How far is the station from here? **7.** How much is this?

❹ **1.** to end **2.** cheap **3.** safe **4.** early **5.** full **6.** to fail **7.** last **8.** to remember **9.** friend

❺ **1.** e; **2.** a; **3.** g; **4.** b; **5.** d; **6.** f; **7.** c

❻ **1.** sad **2.** take **3.** old **4.** lend **5.** far **6.** bitter **7.** dirty **8.** hope **9.** win **10.** slim

❼ **1.** job **2.** company **3.** unemployed - factory **4.** earn - wages **5.** trade union **6.** retired

SOLUZIONI

❽ 1. policeman 2. fireman 3. postman 4. salesman 5. fisherman
❾ 1. executive - cook - worker - lawyer - hairdresser - waiter 2. mechanic - secretary - butcher - farmer - nurse - nanny - teacher - baker - vet - plumber
❿ 1. b; 2. e; 3. d; 4. c; 5. a
⓫ ~~Deer~~ **Dear** / ~~weak~~ **week** / ~~bought~~ **boat** / ~~fare~~ **fair** / ~~road~~ **rode** / ~~board~~ **bored** / ~~meet~~ **meat** / ~~leak~~ **leek** / ~~pees~~ **peas** / ~~pairs~~ **pears**
⓬ 1. a new ~~pear~~ **pair** of shoes 2. a ~~leek~~ **leak** under my sink 3. I need to ~~pea~~ **pee**! 4. I can't ~~sea~~ **see** a thing 5. I ~~boat~~ **bought** a new computer 6. in the middle of the ~~rode~~ **road** 7. We often ~~meat~~ **meet** 8. I still feel very ~~week~~ **weak**

15. I prefissi e i suffissi

❶ 1. unreal 2. to disagree 3. underestimated 4. overconfident 5. to mispronounce
❷ 1. boring 2. homeless 3. sadness 4. childhood 5. slowly 6. washable
❸ 1. overconfident 2. endless 3. distrust 4. happiness 5. freedom
❹ 1. e; 2. c; 3. d; 4. a; 5. b
❺ 1. unpleasant / unpleasantly 2. resourceful /resourcefulness 3. successful / unsuccessful / unsuccessfully 4. expected / unexpected / unexpectedly
❻ 1. b; 2. a; 3. b; 4. b; 5. c; 6. b; 7. a
❼ 1. away from keyboard - AFK 2. laughing out loud - LOL 3. talk to you later - TTYL 4. be right back - BRB 5. in my opinion - IMO
❽ 1. watch 2. see 3. look 4. watch 5. look at
❾ 1. piece 2. waste 3. scene 4. stair 5. full
❿ buy-bye; thyme-time; which-witch; pool-pull; war-wore; knows-nose; their-there; cereal-serial; wood-would; collar-colour; urn-earn; flu-flew; right-write; jeans-genes; missed-mist; allowed-aloud; wait-weight

16. Gli aggettivi

❶ 1. an ugly red plastic phone 2. a horrible old blue cotton sweater 3. a nice tall German lady 4. an exciting long Canadian novel
❷ 1. a; 2. a; 3. b e c; 4. b, c e d; 5. a, b e d
❸ Correzioni: ~~a passionate man about cars~~ **a man passionate about cars** / ~~anciets cars~~ **ancient cars** / ~~racing, orange, new, wonderful car~~ **wonderful, new, orange, racing car** / ~~italian car~~ **Italian car** / ~~available colour~~ **colour available** / ~~spanish~~ **Spanish** / ~~catholic~~ **Catholic** / ~~a driver fast~~ **a fast driver**. Notate che "a sport car" e "a sports car" sono entrambe corrette, non c'è dunque errore!
❹ 1. a; 2. b; 3. c; 4. b; 5. a
❺ 1. d; 2. e; 3. c; 4. b; 5. a

❻ 1. c; 2. a; 3. d; 4. b; 5. e
❼ 1. homemade 2. green-eyed 3. sweet-smelling 4. fourteen-year-old
❽ 1. **estate**-summer; inverno-**winter**; cielo-**sky**; luna-**moon**; **stella**-star; **mare**-sea 2. onda-**wave**; spiaggia-**beach**; campagna-**country**; erba-**grass**; **isola**-island; lago-**lake** 3. **foglia**-leaf; montagna-**mountain**; albero-**tree**; fiore-**flower**; **legno**-wood; primavera-spring
❾ 1. weather 2. rain 3. cloud 4. sun 5. snow 6. wind 7. fog 8. hot 9. cold
❿ 1. b; 2. b; 3. a; 4. a e b
⓫ 1. dog 2. cat 3. horse 4. donkey 5. rabbit 6. sheep 7. pig 8. cow 9. goat 10. duck 11. monkey 12. mouse 13. bird 14. fish
⓬ 1. seat e eat 2. wet - I'm covered in sweat / How sweet of you! 3. about 4. foot - Don't shout like that! / I have never tried shooting a gun 5. heard 6. feared - Peter has grown a beard / The children wanted a bird 7. dear 8. swear - Winnie the Pooh is a cartoon bear / Guinness is a brand of beer
⓭ 1. aunt 2. officer 3. was 4. dough e Doug 5. virus 6. fez 7. bed 8. tutti e tre i termini!

17. Gli avverbi

❶ 1. lovely 2. silly 3. friendly 4. lively 5. lonely 6. needy 7. costly 8. cowardly
❷ 1. I rarely go to the cinema 2. Do you often go shopping? 3. Have you ever been to Japan? 4. I didn't understand the lesson well 5. They watch the news daily 6. She always has a sandwich for lunch
❸ 1. He regularly runs after work 2. I usually go to work on foot 3. He will probably win the race 4. She doesn't like tea much 5. I sincerely hope to see you soon 6. Perhaps you should drive more carefully
❹ 1. I always go on beach holidays 2. Paul politely turned down the invitation 3. They often go out 4. Frankly, I don't think he will win 5. He is not entirely wrong 6. Do you sometimes go to the opera?
❺ 1. d; 2. f; 3. c; 4. e; 5. a; 6. b
❻ 1. then 2. whereas 3. so 4. because of 5. Unless
❼ 1. d; 2. a; 3. c; 4. b; 5. c
❽ 1. I **no longer** smoke. I **finally** stopped last year. 2. She's studied psychology and criminology **as well** 3. I love this house, **however**, I don't have enough money to buy it. 4. I phoned her but she wasn't home, **so** I left a message.
❾ 1. July 2. ago 3. career 4. taboo 5. Chinese
❿ 1. virus 2. basket 3. insect 4. apple 5. flavour

18. Le preposizioni

❶ 1. on; 2. out; 3. at - to; 4. from ... to; 5. from

SOLUZIONI

2 1. from 2. by 3. around 4. over 5. out 6. through 7. in

3 1. on 2. Ø 3. for 4. to 5. in 6. Ø 7. of

4 1. of 2. at 3. in 4. from 5. for

5 1. c; 2. b; 3. a; 4. e; 5. d

6 1. a; 2. c; 3. d; 4. e; 5. b

7 1. underground 2. traffic 3. crossroads 4. car-park 5. suburb 6. traffic jam

8 2 - 4 - 5 - 1 - 3

9 1. i; 2. h; 3. g; 4. k; 5. a; 6. b; 7. l; 8. m; 9. j; 10. d; 11. n; 12. c; 13. f; 14. e

10 1. to answer 2. to comfort 3. to differ 4. to enter 5. to suffer 6. to offer 7. to copy 8. to envy 9. to open 10. to publish

11 1. to finish (è l'unico verbo che reca l'accento sulla 1ª sillaba: **'fi**nish) 2. to borrow (è l'unico verbo che reca l'accento sulla 1ª sillaba: **'bor**row) 3. to oppose (è l'unico verbo che reca l'accento sulla 2ª sillaba: o**'ppose**) 4. to cover (è l'unico verbo che reca l'accento sulla 1ª sillaba: **'cov**er) 5. to listen (è l'unico verbo che reca l'accento sulla 1ª sillaba: **'lis**ten)

12 1. He likes to pro**'test** 2. What is this **'ob**ject ? 3. We im**'por**t from India 4. He is a **'re**bel 5. I collect **'re**cords

19. Phrasal verbs

1 Frasi in cui il verbo regge una preposizione: 2-3-5-8-11. Frasi con phrasal verbs: 1-4-6-7-9-10-12

2 1. f; 2. a; 3. e; 4. d; 5. b; 6. c

3 1. up 2. down on 3. up to 4. for 5. out

4 1. burst out 2. climb up - fall down 3. keep off 4. take off 5. make up

5 1. to choose 2. to reject 3. to die 4. to discover 5. to suppress 6. to tolerate 7. to like 8. to explode 9. to become happier 10. to speak louder

6 1. hungry - thirsty 2. meals - breakfast - lunch 3. rare - well-done 4. starter - main-course - dressing 5. tip

7 1. salt 2. bread 3. pasta 4. pepper 5. rice 6. lamb 7. ham 8. beef 9. shrimp 10. milk 11. butter 12. coffee 13. water 14. juice 15. wine 16. beer 17. mustard

8 Risposta c.

9 1. spinach 2. apple 3. cabbage 4. tomato 5. lettuce 6. plum 7. lemon 8. cherry 9. leek / A. pepper B. peas C. pear D. cucumber E. grapes

10 1. grapefruit (pompelmo, unico frutto tra le verdure) 2. pineapple (ananas, unico frutto tra le verdure) 3. lettuce (insalata, unica verdura tra i frutti) 4. artichoke (carciofo, unica verdura tra i frutti)

11 1. nessuna parola! 2. mentalist 3. insulting, pleasantly 4. invented 5. partnership

12 1. a**ma**zing, **o**ffered, un**ha**ppiness, **tea**cher 2. **cer**tainly, **hu**manism, **fi**reman, **rea**dable 3. **e**legantly, **won**derful, **ans**wering, re**la**tionship 4. car**too**nist, **chan**geable, **an**xiousness, **wor**rying 5. **care**fully, **na**turalist, **nou**rishment, **num**bered 6. **ha**ppily, de**ligh**ted, co**rrect**ly, **friend**ship 7. **pain**ter, con**tras**ting, **wash**able, **fair**ness 8. **in**teresting, **mea**ningful, **ye**llowish, **ha**ppened

20. Il passivo

1 1. found 2. sent 3. been 4. sung 5. cut 6. told 7. forgotten 8. hit 9. cooked 10. let 11. written 12. stolen 13. thought 14. lost 15. gone

2 1. *Harry Potter* was written by J.K. Rowling 2. This car has been designed by Sam's father

3 1. He can't be trusted 2. He was given a mobile 3. The bill has been paid (for) 4. I was asked to deliver a speech 5. Spanish is spoken here

4 1. we were given a room with a view 2. he is said to be a selfish man 3. the problem will be dealt with by the mechanic

5 1. tea is drunk all over the world 2. people to be contacted in case of an emergency 3. I was told that Peter was seriously ill 4. he was offered a very interesting job in Japan

6 1. the children will be taken care of 2. a solution was looked for 3. this scandal was talked about for years

7 1. d; 2. c; 3. a; 4. e; 5. b

8 1. deal 2. odd 3. maybe 4. ready 5. shut 6. able 7. present 8. missing

9 1. famous 2. exhausted 3. wonderful 4. huge 5. mistake 6. glad 7. afraid 8. prison

10 1. selfish 2. clever 3. shy 4. unusual

11 1. tiny 2. cross 3. kind

12 1. window 2. wall 3. door 4. armchair 5. cellar 6. roof 7. stairs 8. cupboard 9. bed 10. chair 11. sofa 12. kitchen 13. bathroom 14. flat

13 1. vero 2. falso (e**'le**ven) 3. falso (um**'bre**lla) 4. falso (No**'vem**ber) 5. vero 6. vero 7. vero

14 1. **'fa**mily, **'a**pricot, po**'ta**to, re**'mem**ber, **'o**rigin
2. ge**'ne**tics, a**'ller**gic, **'com**pany, auto**'ma**tic
3. **'con**sequence, **'hos**pital, scien**'ti**fic, **'vi**negar
4. **'con**tinent, ca**'the**dral, **'po**litics, **'Ca**tholic, ho**'ri**zon

15 Correzione delle accentazioni sbagliate: 3. (i**'dea**lise), 4. (de**'li**rious), 5. (techno**'lo**gical)

16 1. bi**'o**graphy, **'ca**tegory, de**'ro**gatory, co**'mmu**nicate 2. de**'li**cious, im**'po**ssible, psy**'cho**logy, **'ne**cessary 3. am**'bi**tious, hi**'lar**ious, tech**'no**logy, ma**'jo**rity 4. **'a**nalyse, communi**'ca**tion, im**'pa**tient, perso**'na**lity

AUTOVALUTAZIONE

Bravissimi, avete completato il quaderno di esercizi! Ora è arrivato il momento di stabilire il livello di conoscenza linguistica raggiunto. Indicate il numero di icone ottenuto al termine di ciascun capitolo. La somma di tutte le icone per colore vi darà il risultato finale!

	🙂	😐	☹️		🙂	😐	☹️
1. Il presente				11. Il comparativo e il superlativo			
2. Present perfect				12. I pronomi personali e riflessivi			
3. Simple past				13. La proprietà e i nomi composti			
4. Il futuro				14. I pronomi relativi e interrogativi			
5. I verbi modali				15. I prefissi e i suffissi			
6. La costruzione infinitiva				16. Gli aggettivi			
7. Imperativo, ellissi e question tags				17. Gli avverbi			
8. I sostantivi				18. Le preposizioni			
9. Gli articoli				19. Phrasal verbs			
10. Gli avverbi di quantità				20. Il passivo			

🙂 😐 ☹️

Totale, somma di tutte le icone ....

Avete ottenuto la maggioranza di...

Congratulazioni! Padroneggiate le basi dell'inglese e siete pronti a passare al livello successivo!

Niente male! Ma potete ancora migliorare! Rifate gli esercizi con cui avete avuto maggiori difficoltà dando un'occhiata alle spiegazioni nel capitolo corrispondente!

Riprovate! Siete un po' arrugginiti... Riprendete in mano il quaderno e prima di rifare gli esercizi, rileggete con attenzione ciascun capitolo.

Realizzazione grafica: MediaSarbacane

ISBN: 978-88-96715-39-0   © Assimil Italia 2014

Titolo dell'opera originale:
Cahier d'exercices Anglais   © Assimil France 2013

Stampato in Italia - Gennaio 2021
Stamperia Artistica Nazionale S.p.A. - Trofarello (TO)